富士高天原王朝の栄光と悲惨

「復刻版」謎の宮下文書

秦の亡命者・徐福が編したと伝えられる宮下文書には謎が満ち満ちている。
古代、富士山麓には富士高天原王朝が栄えた！
だが、なぜかこの事実は歴史の地平のかなたに抹殺されてしまった。
日本人のルーツを示す海・陸のシルクロードを提示しながら、
著者は日本神話と官制の日本史を鋭く批判する！

Miyashita Documents

author
佐治芳彦
Yoshihiko Saji

「まえがき」に代えて

私たち日本人の祖先は、いつ、どこからきたか？

空前のブームをよんだ邪馬台国論争も、日本人のルーツ探しの一つのアプローチだったといってもよいだろう。すなわち、あの邪馬台国現象の根底にあったものは、日本人とはなにか、という問い――いいかえれば日本人として自らの民族的同一性（存在証明ないし帰属証明）を求めたいという願望だったのではあるまいか。

だが、やがて邪馬台国が、この民族的ルーツ探しの一里塚でしかないことに多くの人々は気付きはじめた。多くの人々は邪馬台国を突き抜けてさらに古代の地平をめざした。ここに民衆サイドからの古代史研究の新しい段階があった。

にもかかわらず、多くの人々はいささか戸惑っているようである。なぜなら、私たちの祖先が、いつ、どこからきたかという根源的な問いに対して、古事記や日本書紀などの文献をいくら読んでも解答を見出せないからである。

そこで人々はいらだちを覚えはじめたようである。なぜなら、神代のはじめ祖先の神々が天から降臨したなどという記紀神話をそのまま信ずるわけにもいかないし、さりとて、そのような皇国史観に代わる、新しい、合理的で、それこそ納得できるような仮説を歴史学者はなぜか示してくれないからである。

私はいま、ここで「なぜか」と述べたが、それはいわば、ことばのあやで、その理由は実にはっきりしているのだ。すなわち、明治以降の日本の史学界は、十九世紀的実証史学の洗礼を受けている。したがって、現在の史学者はほとんど文献至上主義者といってよい。それだけに彼らは、その利用可能な古代史料（文献）に記されていない問題についてはかたくなにまで禁欲的だからである。

また、彼らにとって、その「利用可能」な文献とは、古事記や日本書紀など、ごく限られた史料でしかないことも見過ごせない。もちろん記紀などの文献なり史料は日本の古代史の貴重なデータバンクである。だが、本当の問題は、それらの史料が、だれが（who）、いつ（when）、どこで（where）、何のために（why）、どのようにして（how）作成されたか？　ということではあるまいか。この４ｗ１Ｈについてちょっと考えただけで、私たちは学者が「利用可能」としている文献なり史料の正体が分かろうというものだ。

端的にいえば、これらの史料や文献は、すべて私たちの祖先の民族移動の軌跡を抹殺するために作成された。記紀編修時代に日本列島を支配していた王朝が、その支配の正当性なり正統性をＰＲするために、その抹殺がなされた。その修史を担当したのは、支配層とつながっていた帰化系の知識人集団である。そして、ここに皇国史観の原型ができた。したがって、それら「利用可能」な文献に依存するかぎり、皇国史観から離脱することはまず不可能といってよい。

一方、文献派自体にも困った事態が出てきた。それは邪馬台国ブームによって、多くの人々が魏志倭人伝など中国史書と記紀とのあいだの情報的落差に気付いたことである。たとえば三世紀の日本に客観的に存在していた邪馬台国や女王の名が出てこない文献の史料的意味ないし価値についての疑惑がそれである。そこで出てきたのが「謎の四世紀」である。いっさいの疑問や矛盾をそこにたたき込んで済ませる……。

だが、古史古伝研究者にいわせれば、学者の「利用可能」な文献のなかに、この宮下文書を含めれば、それほど無理せずに日本人のルーツも、邪馬台国も大和王朝もつながるのである。

もちろん、宮下文書とて、他の古史古伝と同じく、その成立時点から現在にいたるまでのあいだに、皇国史観による汚染は避けられなかった。にもかかわらず、この文書には、私たちの祖先の民族移動が、海・陸二つのシルクロードを経て行なわれたこと、日本列島に古代、複数の王朝が存在していたこと（多元的古代）を示唆する記述にこと欠かない。すなわち、私たち日本人の民族的同一性についての根源的な問いに対する解答がそこにある。

私は、今年、夏から秋にかけて、北は東日流《つがる》外三郡誌《そとさんぐんし》の世界（津軽半島）から、南は邪馬台国に比定される九州の各地（阿蘇を中心に）、また、信州の皆神山（ピラミッドで有名）から八ヶ岳、富士山麓あるいは丹波路……延べ七千キロを車で駆けめぐった。そして、日本人とは何か？　という問い、いいかえれば日本人の民族的同一性の形成の歴史を真剣に追求している多くの人々と出会った。それらの人々は年齢、性別、職業はさまざまであったが、いずれも現代文明の閉塞的状況――危機といってもよいだろう――を縄文的発想によって突破しようとしている人々でもあった。本書は、これらの人々との連帯と共闘との過程で書かれたものである。

昭和五十九年十月　　　　佐治　芳彦

目次

Ⅱ章　富士王朝と高千穂王朝

Ⅲ章　宮下文書の時・空間

Ⅳ章　富士山麓の先住民史

Ⅴ章　富士高天原の没落

Ⅵ章　宮下文書成立史

Ⅶ章　徐福伝説を追う

カバーデザイン　森　瑞（4Tune Box）
本文仮名書体　文麗仮名（キャップス）

序章

宮下文書は現在も生きている

古代史情報の宝庫・古史古伝

古史古伝、つまり日本最古の史書とされている古事記より以前の書といわれる一群の古代史料がある。

私がこれまで採りあげてきた「神代の万国史」ともいうべき竹内文書、旧約聖書のノア（「ノアの方舟」のノア）や大予言者モーゼ、さらに救世主《メシア》であるイエスの名が出てくる九鬼文書、またウルム氷期の記憶をはじめ、日本列島の原・先住民のルーツを伝える東日流外三郡誌《つがるそとさんぐんし》、それに本書で採りあげる富士高天原《たかまがはら》王朝の栄光と悲惨を記す宮下《みやした》文書も古史古伝である。

ほかにも神代の百科事典ともいうべき上記《うえつふみ》や、五七調のみごとな韻文で東北高天原史を謡《うた》った秀真伝《ほつまつたえ》などがある。いずれも官撰の日本書紀や古事記（併せて「記紀」という）などとは異なった系列の古代史情報の宝庫であるが、史学界《アカデミズム》からは非公認の史料である。

さて、これら一群の古代史料（古史古伝）のなかで、宮下文書は次の諸点において独自な文書といえるだろう。

㈠それは、まず編者が日本人でなく、中国（秦《しん》）の亡命者である徐福《じょふく》とされていることである。この徐福についてはⅦ章で詳説するが、少なくとも徐福に仮託《かたく》された中国系の知識人が、この文書の成立に大きくかかわっていたことだけはたしかであろう。

(二)この文書には、ふつう古史古伝とかぎらず記紀の冒頭《トップ》にかかげられている、いわゆる「天地創造神話」がない。この「天地創造神話」の欠落こそ、宮下文書の大きな謎の一つであるが、それについてはいろいろ解釈される。つまり、当初はやはり「天地創造神話」があったが、なんらかの理由でそれが削除された、あるいは、そもそも当初からなかったか、のいずれかである。

もし、あったとすれば、なぜ削除されたか？　また、はじめからなかったとすれば、その理由はなにか？

これらの問いには、一応次のように考えられるだろう。

まず最初の疑問について。つまり「あった」が削除されたという場合には、次の二つのケースが考えられる。

(1)竹内文書や九鬼文書が記しているように、神代のある段階から以前の歴史については、ある政治的意図によって削除された。つまり、世界的規模にわたる神々の活動、民族の移動についての記録を抹殺することによって、原・先住民の汎ユーラシア的同一性《アイデンティティ》を破壊し、同時に征服王朝のイメージを消し去り、日本列島の自生王朝、自生民族という偽似同一性をもってそれに代えるため。

⑵宮下文書のオリジナルの伝承から、それ（天地創造神話）を削除したのは、その伝承を漢字で筆録した徐福または徐福に仮託された人物である。あるいは、天智十（六七二）年に、この文書を閲読し「作正宇津須《ウツス》」という作業を行なった「中臣藤原物部《なかとみふじわらのもののべ》麿《まろ》」（Ⅵ章参照）であったかもしれない。

次に、はじめから「天地創造神話」がなかったとすれば、それは、

⑴筆録者といわれる徐福ないし徐福に仮託される中国系の知識人の歴史観による。つまり中国の編史には、たとえば司馬遷《しばせん》のように『史記』にあえて伝説である「三皇五帝」の部分を載せないという彼らなりの学問的主張があった。徐福といわれるこの筆録者も、「天地創造神話」を伝説として、当初から筆録しなかった。

⑵富士山麓にきた徐福といわれる人物に、この文書の伝承を語った阿祖《あそ》太神宮（富士太神宮）の神官は、この異国人に意識的に神話部分を話さなかった。したがって彼はそれを筆録しなかったのではなく、筆録できなかった。

だいたい、右のように考えられるが、それ以外にも、この文書がいくたびかの戦火や災害（地震、噴火、洪水など）をくぐりぬける過程で、失われた部分が少なくなかったはずだ――おそらく他の古史古伝と同じく「天地創造神話」があったが、それが右のような災害のため失われたという可能性も否定できない。ただ、いずれのケースにも決定的な証拠らしいものはな

い。謎であるゆえんだ。

㈢この文書には、九鬼文書で正統とされている「出雲王朝」が出てこない。また、体制派の史書である記紀でさえ、天照大御神《アマテラスオオミカミ》、月夜見命《ツキヨミノミコト》とならんで「三貴子」の一人としている素盞嗚尊《スサノオノミコト》が、完全にマイナーとして扱われている。

すなわち、記紀神話のなかでさえも、もっとも魅力的なキャラクターで描かれているこの神は、新羅王の子である多加《タカ》王であり、富士高天原を支配するため乗り込んできたが、結局アマテラスに屈伏し、各地のまつろわぬものを追討する部将となり、やがて、その出祖が高皇産霊《タカミムスビ》神であることから、アマテラスの「義弟」とされたが、最終的には戸隠《とがくし》（科《とが》かくし）に設けられた国事犯を収容する刑務所（天獄）の所長とされているというミジメさだ。

このスサノオと新羅《しらぎ》（白木《シラキ》）に対する憎悪と侮蔑の理由はなにか？　これも宮下文書の大きな謎の一つである。

㈣このスサノオに代って「三貴子」の一人にあげられているのは蛭子命《ヒルコノミコト》である。ヒルコは、記紀神話ではイザナギ、イザナミ二神の最初の婚《まぐわ》いで生まれたが、三年たっても立ちあがれない身体障害児であったため、芦の小舟に乗せて流された神とある。つまり、日本の身体障害者差別の原点とされる神話の主人公だ。

ところが宮下文書では、このヒルコを、アマテラスの弟神としている。そして彼は栄日子《エビス》命という名で、海（竜宮）の支配者としてアマテラスを助けるわけである。

　モーゼの神話ではないが、古代エジプトでは高貴な生まれの子を芦の小舟に乗せてナイルに流す（もちろん、安全に救いあげる手はずをとったうえで）風習があった。おそらくヒルコは、記紀のアマテラスら「三貴子」よりも高貴な神だったのだろうが、アマテラスにその地位を奪われてから、身体障害者とされたのではないか。もともとヒルコとは日子《ヒルコ》であり、ヒルメ（日《ヒル》女《メ》＝オオヒルメ＝アマテラス）とともに、日神（太陽神）の最高の祭司だったはずである。

㈤九州の日向《ひうが》の高千穂《たかちほ》王朝に先行する富士高天原王朝の存在を伝えていることが、この文書のもっとも大きな特徴であろう。そのため、この文書を「富士高天原王朝史」とよぶ人もいるくらいである。

　富士高天原、つまり富士山麓にあった古代日本の政治、文化の中心地について、記紀など、いわゆる正史はまったく沈黙している。わずかに、紫式部によって日本の「物語の元祖」といわれた『竹取物語』や、謡曲化された「羽衣《はごろも》」伝説などに、その存在がかすかに投影されている程度である。この富士高天原の抹殺も古代史の大きな謎の一つである。

㈥この文書、とくに富士高天原王朝建設までの過程を記した部分は、私たちの祖先のルーツ探索に大きな示唆を与えている点が重要である。他の古史古伝にも、この文書ほど明確に、私たちの祖先の渡来経路について記したものがないだけに貴重だといってもよい。

文書によれば、私たちの祖先（というよりも、富士高天原を開いた人々）は、二つの集団に分かれて西方からこの日本列島に渡来している。つまり海、陸のシルクロードを経て移動してきたわけだ。にもかかわらず記紀など正史は、神々の「天降り」、つまり「天」から「降りてきた」と記すことによって、私たちの祖先の神々の大移動を抹殺してしまっている。なぜか。私はかつて『倭人大航海の謎』（新国民社）などで、その「なぜか」について考えたことがあった。その結論は、究極的に日本列島を支配したグループが、その被支配者から過去の栄光ある歴史を奪いとる（そして抹殺する）ことによって、自分たちの支配の貫徹を企んだということである。

だが、宮下文書には、その栄光ある歴史が伝えられているのだ。私が、重要、いな貴重とまで述べたのはそのためである。

㈦この文書には、過去の富士山の噴火についての詳しい記録がある（「富士八流」他）。そしてこの記録は、近代に入って地質学者・工学博士神原信一郎の調査によって学問的にも正確なものであることが確認された。この点が重要である。なぜなら、多くの古史古伝のなかで、自然科学者の検討を受けたのは、この宮下文書をのぞけば東日流《つがる》外三郡誌《そとさんぐんし》があるだけだからだ（東日流外三郡誌については東北大学助教授で工学博士の坂田泉氏が研究している）。

㈧それだけに、この文書の詳細が三輪義凞《みわよしひろ》によって公表されたとき（三輪『神皇紀』大正十年）、内大臣斎藤実をはじめとする宮廷関係の高級官僚、東大教授を含む有識者たちによって、宮下文書を学術的に調査する財団法人富士文庫が設立された。だが、その法人は、発足後一年で報告書一巻（『富士文庫』第一巻）を刊行しただけでウヤムヤのうちに解散したのである。

私は、この富士文庫事件が、この文書がすでに当時のマスコミ（朝日、読売、毎日の三大紙をはじめ、都、報知、中央、毎夕、新愛知、山梨などの有力紙それに雑誌「日本及日本人」など）に大々的にとりあげられ、その社会的影響が無視できなくなったため（しかもほとんどが文書を肯定的に受けとめていた）組織的、計画的に偽史化するための、きわめて高度な政治的陰謀だったと考えている。つまり宮下文書（神皇紀）の登場が劇的だったことから、やはり劇的にその偽史化を企んだわけである。いいかえれば、あのような立派な人々（官界、政界、学界の有力者）がまじめに調査した結果、偽書だというのだから、やっぱり宮下文書はインチキだったのかと民衆を納得させるための儀礼であったのではないか。

かつて上記《ウエツフミ》は、紹介者の吉良義風を個人的に中傷することによって、偽書化された。竹内文書は、天津教弾圧と平行して行なわれた狩野亨吉博士の批判によって偽書化された。九鬼文書も大本教弾圧によって公表のチャンスは大幅に遅らされた……。

だが、宮下文書のこの「富士文庫事件」ほどこまかい細工を弄《ろう》して、巧妙に偽書化されたケースはない。

(九)これも重要な点であるが、宮下文書は、その継承の過程で改訂された疑いがきわめて濃いことである。しかも、その改訂の事実を伝える記録があるのだ。一六ページに記した天智十年の中臣藤原物部麿の、例の「作正宇津須《ウツス》」とある部分である。これと似たケースは竹内文書が武烈天皇の勅命によって竹内宿弥の孫の平群真鳥《ヘグリノマトリ》が、神代文字で記されていた「神代の万国史」を和漢混こう文に書き改めたという例があった。いずれも、当時の体制にとって不都合と思われる部分の改訂作業を含む筆写化《コピー》であったと見るのが常識であろう。

だが竹内文書の場合とちがって、宮下文書には、はっきりと「作正宇津須《ウツス》」と記されている点が重要であろう。

(十)もう一つ重要かつ注目すべき点をあげよう。それは宮下文書の最古の神々の名である。詳しくはI章で述べるが、それらは全部「火」神である。記紀神話でマイナー視されているこの神を、至高神としている例を私は少なくとも二つ知っている。一つは、戦前二度にわたって弾圧された大本教の教典である『霊界物語』の「天祥地瑞」編に語られている「幽の幽なる神」である。そして、もう一つの事例《ケース》は、アイヌの神話で「火神」（アビ）が最高神とされていることだ（江上、梅原、上山『アイヌと古代日本』小学館）。

このアイヌと宮下文書と大本教との関係について、私自身、不十分な展望しかもっていない。だが、この日本列島における「火神」信仰研究についての重要さだけは分かっているつもりである。

すべての歴史は現代の歴史

さて、右にあげた十項目以外にも、宮下文書には多くの謎や問題点が含まれている。

私は、この文書がはらんでいるこれらの謎や問題点を解くことによって、九鬼文書が伝えている聖徳太子の「焚書《ふんしょ》」（世界史的神代史の抹殺）とは異なった形での、記紀成立の秘密を知ることができるものと考えている。いいかえれば、宮下文書を読むことによって、私たちは日本列島史の真実に、より近くアプローチすることができるのだ。

いや、私たちが接近することができるのは、たんに秘められた古代だけではない。私たちの近代史の謎についても、一つの洞察をもつことができるのである。

たとえば太平洋戦争にいたるまで近代日本が採った二つの国家戦略として「北進論」と「南進論」とがあった。日本は、この二つの戦略の対立を止揚することができないまま、太平洋戦争に突入し、結果的に失敗した。

国家、民族の興亡を賭けたこの戦争に、なぜ終始この国家戦略の統合が見られなかったのか？

私はかつて、この二大国家戦略の対立、抗争の謎を、長州陸軍と薩摩海軍との対立、抗争、つまり大陸系長州閥と南方系薩摩閥との対立であり、抗争であったという観点から解こうと試みたことがあった。もちろん、そのこと自体、誤りではないと現在も思っている。だが、宮下文書を読み直すことによって、日本列島に渡来した神々（集団）のとった二つのコース（Ⅰ章参照）、つまり砂漠と草原のシルクロード経由と、風と潮流の導く海のシルクロード経由との体験的な差も、この二大国家戦略の分裂に大きくかかわっていたのではなかったかと考えている。

このように宮下文書を読んでゆくと、私には「すべての歴史は現代の歴史である」というイタリーの近代史家ベネデット・クローチェのことばが熱く甦ってくるのである。

つまり、宮下文書は現在もなお、生きているのだ。いかに「作正」（改訂）され、いかに「偽書」視されようとも、宮下文書に残っている民族的無意識までを否定することはできなかった。つまり、いかに学問的な通念や常識に否定されようとも私たち日本人の一人ひとりの血のなかに宮下文書の「核」的なものが生きていることを私は強調したいのである。

Ⅰ章

宮下文書の世界

人種の誕生

宮下文書には、繰り返すが「天地創造神話」がない。そして「天竺《アマツクニ》」（世界）の始元時に四種類の「神種」が出現したという記述からはじまる。神種とはつまり人種のことである。

さて、この四神種は生成発展して世界の四方向に散った。そして、東陽、南陽、西陽、北陽の四州ができたという。この州の名がいかにも中国ふうであるのは、その典拠が徐福の著述とされる「支那震旦国皇代記《しなしんたんこくこうだいき》」など、中国、インド関係の文書であるからだ。

さて、この四州にそれぞれ分布した神種は、その陸、海、寒、暖など風土のちがいから、その肌の色や身長、寿命などに差違が生じ、いわゆる人種的なちがいが出てきたという。

なお、この四州について文書は次のように記している。

東陽　気候良好、肌色は白赤（ピンク系か）、身長は中程度、寿命は五〇〇歳。

南陽　気候暖熱、肌色は黒、身長は短、寿命は短命で一〇〇歳。

西陽　気候暖寒相半《あいなかば》す、肌色は白、身長は中、寿命も中程度で二五〇歳。

北陽　気候大寒、肌色は青白、身長は長、寿命は長く一〇〇〇歳。

宮下文書は、竹内文書の「五色人」ならぬ「四色人」が人種のそれぞれの始祖としていいわけだが、なお、いくつか注目すべき点がある。

㈠その居住地域を気候によって区分していること。つまり温帯、熱帯、亜寒帯、寒帯の四つのゾーンであるが、これはきわめて合理的な考え方であろう。

㈡皮膚の色が、それぞれその居住ゾーンに対応していることは一応理解できるが、四色人のそれぞれの体位、寿命が問題である。

とくに南陽、つまり熱帯圏に住む黒人が、身長も低く、しかも寿命が最短であるというのはどういうわけか。これは、いわゆるネグロイド全般というよりも、ネグリートをさすというのなら理解できなくもない。なぜならネグリート（矮小黒人）と称されるアフリカのピグミーや東南アジアの古矮小民族なら、あるいは、ということになるからだ。

だが、それにしても寒帯（おそらくユーラシア大陸の北部か）に住む人種が、最長命なのも驚きである。おそらく、この人種は後世アーリア人種と称された人々らしいが、この人種が最高の神種だというのはいかなるわけか？

それは、おそらくインド留学の経験者である徐福とされるこの文書の筆録者のアーリア人観によるものかもしれない。当時（徐福滞印当時——前三世紀）には、まだ、今日のカシミール地方で見られるような白人に見まがう肌の白いインド人（アーリア人）が多く見られたのだろうか。それとも彼が学んだバラモンの学者から、インド・アーリア人の原郷が北方（北陽）であることを聴いたことがこの記述に反映しているのかもしれない。

㈢これらの四色人のなかに徐福自身をも含む黄色人種、つまりモンゴロイドにあたる人種が含まれていないのも問題である。たしかに東陽（温帯）居住の神種はいるが、それはモンゴロイドというよりは、むしろラテン系のアーリア人を連想させる。

その点「黄人」を最高神種としている竹内文書や九鬼文書の人種説とも大きく異なる。

㈣古史古伝に必ずといってよいほど、つきまとっている日本民族優越思想が見られないこと。つまり、日本民族の祖先を、造化神の直系とする一種の「選民思想」が、この種の古史古伝の特徴でもあるのだが、少なくとも東、南、西、北陽的世界観にはそのような中華意識が現われていない。

ここにも、この文書の筆録者とされる秦《しん》の知識人である徐福の客観主義が投影されているものと考えたい。

さて、以上の諸点から、とりあえず導き出される結論はだいたい次のようなものとなる。すなわち、この宮下文書伝承の最古の部分は、きわめてインド的な世界観が濃いということである。おそらく、インド・アーリア人が、あまりモンゴロイドと接触がなかった時代の伝承にもとづくのかと当初私は考えた。人種学的には、モンゴロイドの発生、出現はそれほど古くなく、せいぜい四～五万年以前とされているから（しかも中国西北のオルドス地方）である。だが、インド亜大陸にアーリア人が侵入したのは紀元前一五〇〇～二〇〇〇年である。また、その侵入経路からすれば彼らがモンゴロイドを知らなかったはずはない。とすれば彼らがあえてモンゴロイドを無視したのは、その民族移動の過程でモンゴロイドに劣等感を抱くような記憶があったためかもしれない。つまり劣等感↓憎悪↓無視という図式である。

阿間都州はどこにあるのか

宮下文書には世界を意味する「天竺《アマツクニ》」と、自分たちの種族の発生した「阿間都州《アマツクニ》」というように、同じ発音の地名が出てくる。

私ははじめ、この「阿間都州《アマツクニ》」を「天竺《アマツクニ》」の中心、つまり人類の発生地と解していた。たしかに阿間都州《アマツクニ》と想定される場所の中央アジアは、人類発生地の有力な候補地の一つである。だが、文書の全体的な文脈からすれば、阿間都州《アマツクニ》は、むしろ「西の高天原」とでもいうべき場所であって、日本列島に渡来して富士山麓に高天原を開いた神々の原郷というイメージが濃い。

つまり、この文書の研究者の岩間尹《いわまただし》によれば、この阿間都州は中央アジアの西、アラル海に注ぐシルダリア、アムダリア両河の上流の高原ということになっている。つまり西アジアの北東部にあたる（岩間尹『開闢神代暦代記』）。

だが、この「西の高天原」の所在地を、この岩間尹とはちがった地点に推定している人もいる。たとえば、より西方――チグリス、ユーフラティス上流の高原や、さらに西方の小アジア地方を考えている人々もいた。後章でも述べるが、エジプトのナイル河の中流地方を想定した人さえいたのだ。

たしかに、これらの地域はまた、人類の発生地としての公算が高い。もちろん、この場合の人類とは、旧人（ネアンデルタール人）ではなく、新人（クロマニヨン人）、つまり私たち現世人類の祖先のことである。

この新人たちが活躍しはじめたのは、後期旧石器時代であり、だいたいいまから四万年以前のこととされている。そして、彼らの故郷が西アジア一帯だったという可能性がきわめて濃いと人類学では見ている。そうした点からすれば、宮下文書の阿間都州も、もしかすると当初私が考えたように人類の発生地であったと考えても大きくちがわないということになるだろう。

いいかえれば、宮下文書の伝承は、世界、人類史的な文脈での「高天原」の位置を示唆する貴重な情報源だということになる。したがって、その伝承から私たちは、のちに日本民族として統合される多くの民族や人種の動き（移動）をトレース（追跡）することができるだけでなく、十七世紀以降展開されてきた人種発生（起源）についての論争に新しい展望をもてるかもしれない。

つまり、前節に述べた宮下文書の「四陽的世界観」について、新たな学問的照明をあてることができるかもしれないのである。たとえば、人種の発生は最近の人類学では、比較的最近に属する。具体的には洪積世の最後――ホモ・サピエンスの出現以後のこととされている。

そして、その新人たちは世界の各地に分散し、その居住地域の風土的条件に適応するための遺伝子頻度の統計的な「差」が、人種の発生をもたらしたという仮説が、現在有力なのだ。つまり、この見解（仮説）では、人種の相違を進化論的に説明しようとする十九世紀的な考えは完全に否定されることとなる。

となると、宮下文書の阿間都州《アマックニ》説や四陽的世界観は、旧人から新人を経て、現世人類が出現し、その人種的特徴が出始まった時期（おそらく第三間氷期の終りごろ）の記憶の伝承と考えてよいかもしれない。

もし、そうだとすれば、宮下文書は、人類の、おそらく最古の記憶を伝えた記録ということになる。たしかに神話の形をとった記憶は世界各地にあるだろう。しかし、いくども繰り返すが、宮下文書には神話がない。あるいは他の古史古伝のように、はじめ（原型）には、神話があったかもしれない。むしろ、あったという公算が大きいと私は思っている。

だが、この文書を筆録したとされる徐福は、その史書（『史記』）に「三皇紀」を「伝説」として意識的に省いた司馬遷《しばせん》（前一四五？〜）の先輩だったのである。彼のこの合理主義的筆致が、歴史と神話（伝説）とを画然と区別したのかもしれない。

おわりに、宮下文書でいう「神代」とは、この天竺《アマツクニ》（世界）の四陽の生成発展時代だけではない。阿間都州《アマツクニ》の「天之世《アメノヨ》」から「中之《アメノ》御中世《ミナカノヨ》」、「高天原世《タカマガハラノヨ》」「豊《トヨ》阿《ア》始原世《シハラノヨ》」から「宇《ウ》家《ガ》潤《ヤ》不《フ》二《キ》合須世《アエスノヨ》」までの五世、八十五代の神皇と、摂政二十五代の計百十代の期間が「神代」にあたる。

天之世七代と「火」の神

宮下文書の最古の神々、つまり「天之世」の七代の神々を次にかかげる。

第一代　天峰《アメノホ》火夫神《ホオノカミ》　天峰《アメノホ》火母神《ホボノカミ》
第二代　天高《アメノタカ》火《ホ》男《オ》神　天高《アメノタカ》火《ホ》女神
第三代　天高《アメノタカ》地《チ》火《ホ》神　天高《アメノタカ》千《チ》火《ホ》女《メ》神
第四代　天高《アメノタカ》木《ギ》比《ヒ》古《コ》神　天高木美《ミノ》神

第五代　天草男《アメノクサオ》神　天草美神
第六代　天高原男《アメノタカハラオ》神　天高原美神
第七代　天御柱比古《ミハシラヒコ》神　天御柱美神

以上の神々についてまず注目されるのは、第一～七代にいたるまで、すべて対偶神（夫婦神）であって、いわゆる「独神《ヒトリガミ》」ではなかったという点であろう。他の古史古伝とかぎらず古事記、日本書紀などでもこの第一世代に属する神々は「独神」である。それに比べると宮下文書の第一世代神は異例といってよい。

次に、これらの神々の名称についてである。とくに初代～三代までの神々が、いずれも「火」がついているのがきわめて示唆的である（なお「火」の字をもつ神々は第二世代の「天御中世」の神々のなかにも見出せる）。このことから中央アジア（イラン地方）に成立したゾロアスター教の影響を連想する人もいるかもしれない。

ちなみにゾロアスター教とは、前七世紀にイランに生まれたゾロアスターが開いたとされているが、それはゾロアスターが以前からの土俗的拝火教的信仰を体系化したものと解すべきだろう。つまり火に対する人類の信仰は、人類が火を使用することによって他の動物と文化的に一線を画した原始時代にまでさかのぼると見てよいからだ。ちなみに、人類は第二氷期――ペキン原人の時代——に、すでに火の使用を知っていたのである。

だが、原始時代には発火技法もまだ未熟であったから、世界の多くの神話や伝説が語るように、それは「火山」から火種を入手したのがはじまりだったにちがいない。そこから後世の拝火信仰と山岳信仰との結びつきが生じたと私は考えている。

ところが、時代が下がるにつれて、この火の神は、たとえば記紀神話のカグツチ（火）ノ神の神話にもうかがわれるように、その神格がメジャーリーグからマイナーリーグに格下げされることとなる。この火神のマイナー転落はなにも記紀だけのものではない。インド神話でもギリシア神話でもメジャーからはずされているのだ。そのパターンは、皇位継承者が「火嗣《ヒツギ》のみこ」から「日嗣《ヒツギ》のみこ」に変ったことと照応するようだ。すなわち、たとえばそれは「火《ホ》」を「穂《ホ》」とする本居宣長の解釈からもうかがえるように、農業時代を意識したものである。そもそも、「日嗣のみこ」とは「火嗣のみこ」であり、それは「永遠の火」信仰に根ざした古い民俗の神聖な呼称だったにもかかわらず、である。

なお、第四、七代神の名から、古代の汎世界的な「聖樹信仰」のかげを認められるし、第五代神からは採取経済時代、そして第六代神からは狩猟の獲物《ゲーム》や採取する果実のゆたかな高原生活のイメージが出てくる。

とすれば、まさに太古の温暖時代の富士山麓をほうふつさせ、いかにも富士古文書（宮下文書の別称）らしくも思えるが、私はやはり中央アジアないし西アジアの火山をもつ高原地帯の神々というイメージをより強くもつ。ちなみにユダヤ・キリスト教の唯一神であるエホバは、かつては火山神だったと見る研究者もいることを付け加えておこう。

また、古史古伝研究の第一人者である吾郷清彦氏は、この「天之世」七代の神々の名が他の古史古伝（上記、竹内文書、九鬼文書、秀真伝など）の神々とまったく一致していない点に注目している（『古事記以前の書』）。氏はその理由については沈黙されているが、私には、この「火」の神系統の神々こそ、ギリシア神話のプロメテウス（巨人族《タイタン》の英雄で、オリンポスの神々に抗して、人間に「火」を与えたため、神々の怒りを買い、コーカサスの岩頭に鎖でつながれた）の一族であったと考えている。そのため「火」の神系の神々はマイナーに落とされたのであり、他の「古史古伝」をはじめとする日本神話の神統譜からも排除されたのではないかというわけだ。

なお序章で述べたようにこの「天之世」の神々（火神）を、いわゆる神統譜以前の神々であり、至高神とし崇拝していた集団が少なくとも二つあった。一つはアイヌ系の人々であり、他の一つはこの神々を「幽の幽」なる世界、つまり宇宙の最遠（高）層にあたる「紫微天界《しびてんかい》」の創造、修理、固成を担当した神々とした大本教団（出口王仁三郎）であった。

幽の幽なる神々

私はさきに、宮下文書の創造開闢神話の欠落は後世の人為的なものであることを示唆した。あえて、そのような重大な示唆を投げかけたのは、この「天之世」の初期の神々の宇宙創造神話を近代に復元した人物がいたことを知っていたからである。

「天之世」の神々を「幽の幽なる神々」として、その神々が宇宙の至高聖域ともいうべき「紫微天界」の創造、修理、固成にあたったことを述べたのは、戦前最大の民間宗教である大本教の組織者だった出口王仁三郎であった。彼は大本教の教典である『霊界物語』のもっとも難解、もっとも深遠な章とされている「天祥地瑞」子《ね》の巻第一篇の「紫微天界」で、この宮下文書の「天之世」の神である天之峰火夫神以下の諸神の名をあげ、その神々の「幽の幽なる世界」つまり大宇宙の至聖圏ともいうべき「紫微天界」の創造、修理、固成について語った。

艮《ウシトラ》ノ金神とか国常立尊《クニトコタチノミコト》、あるいは素盞嗚尊《スサノオノミコト》といった大本の神々とは、まったく異系列の七柱の神々の存在とその神業について、彼は『霊界物語』の文脈からいささかはずれることを覚悟のうえで全八十一巻（八十三冊）のうちの十巻（十冊）をあてているのだ。

それだけに一般の信者には、この部分は難しいから、残りの七十一巻（七十三冊）を十分に読み、内容をマスターしたうえで拝読しなければならないということにされてきたのである。率直にいって七十三冊でも各冊三〜四百ページもあるのだから読み流すだけでも大変な作業である。しかも『霊界物語』は、文体こそやさしいが、内容、構成はきわめて前衛的であり、筋《ストーリイ》は多次元世界にわたり、登場人物も無数に近く、そのための専門辞書が出版されているくらいなのだ。

したがって、少数の教学専門家をのぞけば「天祥地瑞」の十巻は、一般信者のほとんどにとって、いわば幻の巻であったのである。

さて、次にかかげる神々の名を、よく見て欲しい。

天目野穂火夫神（天峰火夫神）
天目野太加穂男神（天高火男神）
阿目野太加千穂神（天高地火神）
阿目野太加木彦神（天高木比古神）
阿目野久佐男神（天草男神）
阿目野太加波羅男神（天高原男神）
阿目野身波志羅比古神（天御柱比古神）

以上七神が紫微天界の創造、修理、固成を担当した神である。用字こそちがえ、発音は宮下文書の「天之世」の七神（括弧内）と一致する。つまり同じ神々なのだ。

さて、巨大な霊能者の見たこの創造七神の主神アメノホヒオノカミの活動はどのようなものであったか。

天もなく地もなく、また時間も空間もない大いなる虚無の暗黒のなかに、一つの点「、《ホチ》」が忽然とあらわれた。この「、」が「すみきり澄みきらいつつ」次第に膨張して、巨大な円体となった。

その円体から「湯気よりも煙よりも霧よりも微細なる神明の気」が放射された。その「神明の気」はその円体を囲み、そこにはじめて⦿《ス》の言霊《ことたま》が出現した。まさに「はじめにコトバありき」（ヨハネ伝）である。

この⦿《ス》の言霊が宇宙万有の大根元である「主《ス》」の大神の太極元となり大本であるという。そして、この神の働きによって多くの神々が生まれ、宇宙創成の第一歩が踏み出されたわけである。

最初に創造されたのが紫微圏層、次に蒼明圏層、昭明圏層、水明圏層、そして成生圏層である。最後に高天原が創られ、天之世の「数十億年」は終り、いよいよ造化三神の天地剖判の時代に入った。そして、この「主《ス》」の大神がアメノホヒオノカミなのである（小著『王仁三郎の巨大予言』徳間書店参照）。

一方、大本教の成立に大きな神学的な影響を与えたといわれる九鬼文書によれば、元始神母《モ》止津和太良世乃《トツワタラセノ》大神の活動は、この「天之世」の神々、とくに「主《ス》」の神の活動はモトツワタラセノとほとんど同じである（『謎の九鬼文書』徳間書店参照）。

ということは、王仁三郎が、宮下文書の失われた天地創造神話を霊現したということになる。

だが、霊現などという神秘主義がお嫌いな方は、王仁三郎が『神皇紀』の著者三輪義凞以上にこの文書の秘密を知っていたと解されてもよい。

彼は、修行時代、富士南麓に数回訪れているが、そのさい宮下家の文書なり、三輪の研究なりを知り、その内容、とくにその文書に創造神話が欠けていることに気付き、その理由を彼なりに考え、その欠除部分を彼の独自の神観にもとづいて復元して『霊界物語』にとり入れたのかもしれない。

あるいは、彼は宮下文書の異本を入手していたのであろうか。そして、その入手した史料には、宮下家保存の文書に欠けている部分が残っていた……という可能性も考えられる。

実は、この可能性があんがい濃いのだ。というのも、富士山周辺の研究者のあいだにも、そうした噂、つまり宮下文書以外の富士文書存在の噂があるだけでなく、その所有者（団体）の名まで濃い信憑性をもって囁かれているからである。しかも、その所有している団体（宗教法人）は、戦前の大弾圧以前に、出口王仁三郎と密接な関係（師弟関係）にあったことも明らかにされている。つまり傍証には事欠かないということだ。

だが、現在の大本教団内では、この宮下文書とのかかわりあいについて、関心をもっている人はほとんどいない。ただ「幽の幽なる神」として『霊界物語』の記述に即して（宮下文書とは独立して）説かれているだけである。ただ、文書の悲劇の女主人公《ヒロイン》ともいうべき木花咲耶姫《コノハナサクヤヒメ》（Ⅱ章参照）が、悩める青年出口王仁三郎に高熊山修業を命じ、彼に神界開顕させた重要な神とされている程度である。

だが、この国津神である大山祇神《オオヤマズミ》の娘の神霊が五六七《ミロク》大神（大本教主神スサノオノミコト）の「一部または全部の御活動」をすると説かれていることは重要である。つまり、不正なる世の中（社会体制）の「立替え、立直し」の大業（報身ミロクの神業）に、この宮下文書の女主人公《ヒロイン》に奉仕するというのだから。

「天之世」の神々の生活

さて宮下文書の「天之世」にもどろう。

この時代の神々とその「眷属《けんぞく》」（つまり人口＝凡《およ》そ十万八千神）は、だいたい次のような生活をしていた。

まずその衣、食、住であるが、獣の毛皮、鳥の羽毛、樹木の葉などを藤づるで結んだ簡単な衣服を身にまとっていた。そして、草木の実や鳥獣魚介などを、石の包丁でたたき、それを焼山（火山）からもってきた火にあぶって食べていた。なお、味つけは塩であるが、それは「浜の真砂《まさご》又は山の真砂に白きものの付着しけるを採り」とあるから、いわゆる製塩法はまだ開発されていなかった。また住居は、岩山や土山に掘った穴（おそらく洞窟か）が主で、まれに竹を主材として組み立てた小屋に住んだという。

まさに原始人の生活であり、石器時代の文化そのものと見てよい。ただ「石の包丁」がどのような形のものかが分かれば、それによって石器時代といってもだいたいの目安がつくが、文書の記述からは詳しい年代を特定できないのが残念である。ともあれ「土器」製作以前の段階であることだけはたしかである（土器は次の「天御中主世」に発明された）。

なお、問題なのは当時すでに文字があり（岩間本によれば象形文字三十一、数字十七、計四十八字あったという）、しかもそれによる記録法が開発されていたと伝えている点であろう。その真偽のほどは、あとでまた考えることとして、ここではとりあえず文書の伝える初期の神々の生活紹介を続ける。

さて、記録といえば、まず文字（記号）と記録用具が必要である。文字（神代文字の一種）について後述するとして、用具からはじめよう。

まずインクであるが、これは焚火の燃えさしを粉末化し、それを魚の脂肪でねり固めて墨をつくり、それを岩や石のくぼみに水をさし、そこですって墨汁をつくる。

次に筆（ペン）であるが、小さい竹の先端を口でかみくだいてせんい状にした細身のペン（筆）をつくり、それに前述の墨汁をつけて、木の葉や竹の葉、貝がら（内側）などに書き記すわけである。

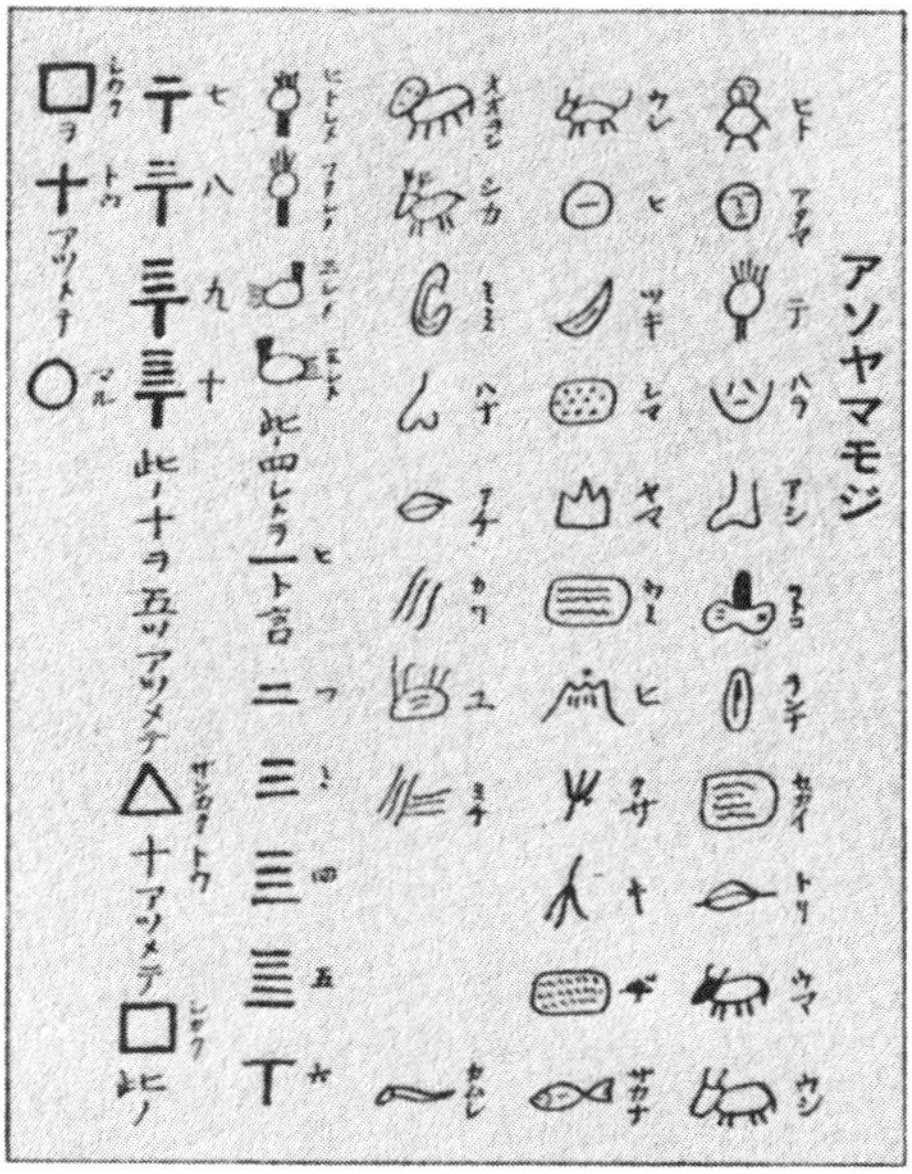

さて、いよいよ問題の文字（記号）であるが、三輪本ではただ「文字」とあるだけで具体的にはなにも伝えていない。ただ岩間本が三十一字の象形文字と十七字の数字の存在を伝えているが、文字（象形文字＝アソヤマ文字）の形状については次の図を参照されたい。また数字だけは「記算の発明」として次のように伝えている。
　両手の指十本を合せて「一根」と定め、その「一根」を十合せて「十根」と定め

る。つまり十進法である。また、11、12、13は「十一」「十二」「十三」だが、14、15……は「十二二」「十二三」「十三三」「十二二三」「十二三三」「十三三三」「十一三三三」つまり20にいたる。

はたして、石器人がこのような文化をもっていたかどうかについて懐疑的な人もいるだろう。だが、旧石器時代の中期から後期にかけてヨーロッパの各地の洞窟にすばらしい――現代人の私たちが見てもハッとするような――動物の絵画を遺した人々もいたのである。ちなみにスペイン北部のアルタミラ洞窟の作品は一万年から二万年以前のものとされている。それだけに宮下文書の「天之世」（文書では約九〇〇〇年以前だから、仮に半分としても四五〇〇年以前の時代）に、簡単な記号があったという文書の伝承も、いちがいに笑いとばすことはできない。

だいたい以上であるが、私がとくに関心をそそられるのは、竹の利用である。筆代用の竹ペンや、紙代用の竹の葉（笹の葉か）もそうだが、居住にもまれとはいうが竹の家（小屋）があったとある。

次に、食物を調理（といっても肉をあぶる程度だが）するための「火」を火山の火口に求めること、そして最後に「塩」を海浜と山（岩塩か）に求めたという点にも関心をもった。

つまり、この竹、火山、海岸（または岩塩の産地）の近く、という三つの要素から、だいたい「天之世」時代の神々やその眷属《けんぞく》と居住地が推定できないかという点に関心をもったわけである。

岩間尹がその『開闢神代暦代記』(宮下文書の異本)の「注」でその地を、アム河とシル河との上流の高原地帯に比定したが(四版ではこの「注」は本文に入れられている)、私はむしろ小アジアかコーカサス地方の火山の近く、そして地中海や黒海に面した地域を比定すべきではないかと考えたこともあった(チグリス、ユーフラテス二大河の水源のアララット山は火山である)。

しかし、中央アジアの砂漠には「塩湖」も少なくない。また、古代人にとっては「湖」もまた「うみ」であったとすれば、アラル海に注ぐアムダリア、シルダリア両大河のほ、と、りという説にも信憑性があるといえる。ただこの地方に火山がないのが玉にキズであるが。

天之御中世十五代(一)——文化英雄天之御中主神

天之世七代神の天御柱比古神《アメノミハシラヒコ》の子である天之御中主神から第二神朝——天之御中世十五代がはじまる。

この天之御中主神は、古史古伝とかぎらず日本書紀や古事記にも、神代最高神ないし元始神として出てくる重要な神である。平田篤胤はこの神をキリスト教の唯一神エホバと同一視したが「万教同根」の思想からいえば、たしかに創造神というにふさわしい偉大な神格であろう。

次に、この十五代の神名をかかげておく。

一代　天之御中主神
　　　天之御中比女神

二代　高皇産穂男神
　　　神皇産穂美神

三代　宇都峰比古之神
　　　宇都穂比女之神

四代　宇摩志宇加弥比古神
　　　津久峰目美之神

五代　天之常立比古神　諱神農比古
　　　天之常立比女神　諱弥真加身比女

六代　天之御柱立神　諱農立比古
　　　天之御柱女神　諱農里比女

七代　天之木作比古神　諱農元比古
　　　天之木合比女神　諱農元比女

八代　天之草奈男神　諱農比古
　　　天之草奈女神　諱農比女

九代　天之土奈男神　諱農畑比古
　　　天之土奈女神　諱農畑比目

十代　天之火明男神　諱農山比古
　　　天之火明女神　諱農山比女

十一代　天之水男神　諱農原比古
　　　　天之水女神　諱農原比目

十二代　天之金山男神　諱農谷比古
　　　　天之金山女神　諱農谷比女

十三代　天之火山男神　諱農久仁比古
　　　　天之火山女神　諱農久仁比目

十四代　天之田原男神　諱農真比古
　　　　天之田原女神　諱農真比目

十五代　天之神農氏神　諱農作比古
　　　　天之神農比女神　諱農作比目

さて、以上の神々のなかで「火《ホ》」がつく神々が少なくない点が注目される。なかには「峰《ホ》」や「穂《ホ》」の字をもつ神々もいるが、これはもともと「火《ホ》」の字で表現されるべきだったのであろう。そこから、この天之御中世十五代を「火高見十五代」ともいうようになったのかもしれない。

次に、これらの神々の治績であるが、まず初代神が製塩法を発明した。いわゆる原始的な手法であるが、塩分の付着した海砂を海水とともに土器に入れて火にかけて水分を蒸発させて塩を採るわけだ。ここで「土器」が開発されていたことが分かる。

土器は食物の調理に使用されたが、また容器としても用いられたようである。なお、容器としての土器は焼成法ではなく、太陽熱で乾して固めたものであった。

文字も「組立文字」となり、記録にもこの本字（漢字の原型か）が使用されることになったという。

また、酒の製法が発明されたのもこの時代である。それは、穀物（米、麦、粟《アワ》、稗《ヒエ》など）やナッツ類をくぼんだ石に入れてつき、表皮をとりさって煮て食するようになってから以降のことという。

この調理した食物を土器に入れっ放しにしておいたところ「白青の色」となり、なおそのままに放置しておいたら「白赤の水」に変った。この「水」を口に入れたところ、とてもおいしかった。この自然発酵を人為的にコントロールする技法を開発したのが天常立毘古《アメノトコタチヒコ》神だという。

なお、初代天之御中主神は、天つ日嗣（神皇のち天皇）の紋章を制定したとされる。それは日輪に十六筋の光芒をつけたもので、旧日本陸軍の「軍旗」や海軍の「軍艦旗」と似ている。ちなみに竹内文書でも、やはり天之御中主神がこれと同じデザインの紋章を制定したと伝えている（『謎の竹内文書』参照）。なお、宮下文書では、この十六条の光芒は、阿間都州《アマツクニ》の十六の州を照らすものとされている。

このように文字を発明し、製塩法を開発し、土器を制作した天之御中主神は、たしかに「文化英雄」であり、最高神として崇敬にあたいする偉大な神である。

だが、その時代は文化史的に見れば、せいぜい中、新石器時代のレベルのもので、本格的な農耕文明は五代神のころからと思われる。

というのも、五代神からすべて、その「諱《いみな》」に「農」の字がつけられているからである。とくに五代神天之常立比古《アメノトコタチヒコ》神の諱が「神農比古《ジンノウヒコ》」とあることからすれば、この代にいわゆる農耕が開始されたと見てよい。

私は、この第二神朝は、五代以降を第三神朝とすべきではないかと考えている。なぜなら農耕の開始は、人類が新たな文明の段階に入ったことを示す重要なメルクマールであるのだから（古代農業革命）。

ちなみに、第二神期の初代天之御中主、二代高皇産穂《タカミムスホ》・神皇産穂《カムムスホ》の三神を「造化の三神」と見る見解もあるし、また三代、四代神もその神名から推測するかぎり農耕文化以前の神々である。したがって、五代神以降の時代と一応区分して考えたほうがより分かりやすい。

天之御中世(二)――神農氏をめぐって

五代神の諱《いみな》が「神農比古」とあることから、この神と中国の伝説時代の農業神である「神農」氏との関連について思いを致される読者も多いはずだ。

神農氏といえば、伏羲《ふくぎ》氏、女媧《じょか》氏とならんで「三皇」の一人とされている。彼は、農業神であっただけでなく、商業神でもあり医薬神、易神でもあったといわれているが、そもそもは「火」神だったとも伝えられている。

中国では古代の聖王として崇拝されてきたが、現在の日本でもテキ屋集団のあいだで、彼らの職業神として厚く尊信されている。たとえば親分のあとめ相続といった重要な儀式には「神農さま」のかけ軸が祭壇（床の間）の中央にデーンとかけられているくらいだ。

一方、医薬神としては、某大メーカーの薬用酒のＣＭに登場したこともあったくらい、「三皇」のなかでは比較的日本人に知られている神さまである。

さて、この神農氏が最初に文献に出てきたのは『孟子』であるが、その出自については『史記』の唐代に増補された「三皇本紀」が参考になる。それによると神農氏は「姜《キョウ》」姓とされ「人身牛頭」だったとある。

姜姓とは「羌《キョウ》」人、つまり古代、殷と対立関係にあり、やがて殷を亡した周と同盟、通婚関係にあったチベット系遊牧民とされている。

一方「人身牛頭」だったということは、伏羲、女媧氏が「人首竜体」つまり東南アジア系の神々だったのに対して、チベットよりもはるか西方、オリエント系の神々であったことを物語っている。

つまり、いずれにしても漢民族の神でないことだけはたしかである。そのことから司馬遷は、この三皇について「本記」にとりあげることを避けたともいわれるのだが、数百年後の唐代になって司馬貞によって補記されたわけである。漢民族自身、世界帝国にふさわしい神話を必要とする段階になったのだろう。

宮下文書には、もちろん「神農比古」が「人身牛頭」であったなどとは記していない。だが、日本神話で、もっともダイナミックな存在であり、ある意味ではその主人公ともいえる素盞鳴《スサノオノ》尊《ミコト》が「牛頭天王」とも伝承されている。しかも、この神（スサノオ）が、オリエントと深い関連があるという九鬼文書の伝承（小著『謎の九鬼文書』参照）もある。

だが、この程度のことで驚いてはいけない。神武天皇にも、崇神天皇にも「角《つの》」が生えていたという記録があるのだ。『鶺鴒《ささき》伝　先代旧事本紀』の巻十四神皇本紀上之上「神武天皇」の条には、頭に二本の長さ三寸の角があり、しかも六尺四寸の尾があったと記されている。また、神皇本紀中之上「崇神天皇」の条には、この天皇の額《ひたい》に長さ二寸八分の青い角が一本生えていたとある。

つまり神武といい、崇神といい、征服王朝《インベーダー》の始祖と見られる天皇に、角があったということ、さらに日本書紀の、やはり崇神天皇六五年、越《コシ》の国（福井県）の敦賀《つるが》に渡来した「意富加羅《オオカラ》」の王子ツヌガアラシトも額に角がはえていたとある（角賀有人《ツヌガアラシト》）。

これらの伝承は、いわゆる「騎馬民族論」では説明できないものである。この有角の古代天皇なり王族に、中国の神農氏、さらにはオリエントの双角のダゴン神のかげを見るのは、ひとり筆者だけではあるまい。

ちなみに、有角の神々は、エジプト、ギリシア、シリア、メソポタミアに多く見られるが、アレキサンダー以前のイラン、インドにはほとんど見られない。

とすれば、宮下文書の天之御中世の五代神は、天之御中主神《アメノミナカヌシ》から四代の宇摩志宇加弥比古《ウマシウカミヒコ》神の系列とは、別個の系列の神だったのだろうか。

当初、私は天之御中世が五代神を境として農業王朝（神農系王朝）に変質したものと考えていた。つまり遊牧的狩猟・採取生活から定着的農業生活への移行としてとらえていたわけである（古代農業革命）。だが、狩猟民族が農耕民族にあっさり変るということはあまり考えられないことである。

とすれば、この移行は、狩猟採取民族が農耕文明に併呑、吸収されたという事態も考えられる。つまり神農比古こと天常立神《アメノトコタチ》（五代神）は、天之御中世の「中興」の英雄というよりも、むしろ天之御中世を吸収合併した征服者ではなかったかということになる。この私の解釈については次節で改めてふれることにしたい。

天之御中世㈢――火高見王朝

天之御中世を「火高見十五代」ともいう。この「火高見」の名称は後世「日高見」となる。このことは天之御中世十五代が、その五代から神農系と変質したことも併せて、きわめて注目すべき点である。

もともと「日高見」とは、いわゆる畿内王朝の形成集団が日本列島に渡来する以前の先住民の共同体の名称であった。たとえば、比多《ヒタ》、斐太《ヒタ》、日田《ヒタ》、飛驒《ヒダ》、日高《ヒタカ》、日置《ヘキ》、常陸《ヒタチ》、それに肥《ヒ》（火）の国、肥《ヒ》（簸《ヒ》）の川など、一連のヒタ系の地名こそ、かつて「ヒ」とよばれた先住民の居住地であったのである。

この「ヒ」は「ヒラ」「ヒナ」「ヒダ」と転呼し、さらに「シラ」「シナ」「シダ」とも変化した。奥州の志田《シダ》郡（宮城県）などはその一例である。また、従来、朝鮮の新羅《シラギ》系の地名と解されている「シラ」のつく地名の多くも、この「ヒ」系の地名である。

さて、この「ヒ」一族であるが、彼らは大陸系であっても「キ」（紀）一族や、また海洋系の「アマ」（海）一族よりも以前に日本列島に渡来したと柳田国男の実弟の言語学者松岡静雄は述べている。また、彼らは「ヒ」系地名の分布が示すように、日本列島の各地に居住していたのだが、あとから渡来した種族に圧迫され、一部は同化したが、一部は東北方に移動したという。

とすれば「日高見」の国は、局地的な名称（地名）ではなく、この「ヒ」一族の移動につれて、ぜんじ東北方に移動した「ヒ」一族の集落（共同体）連合と解すべきだろう。そして歴史時代に入ってからの最終的な「日高見」の国こそ『東日流外三郡誌』の伝える荒吐《アラバキ》国家のなかの「日高見」の国ということになる。

このように眺めてゆけば、この「ヒ」一族こそ、火高見王朝としての天之御中主王朝の後裔ということになろう。いいかえれば、畿内王朝を形成した新渡来集団に圧迫されて、東北方に移動した彼らこそ、日本列島のより正統な支配者であったということである。

だが一方、この「火高見」王朝は、前節で述べたように五代めから「神農」王朝に変質した。その理由について文書は何も記していない。文書は文書なりに、つまり他の古史古伝の場合と同じく、万世一系の神皇の系譜を伝えているだけである。

だが、前節でも述べたように、どう考えても遊牧の狩猟採取生活者が、定着的な農耕生活者に転化するのは大変なことである。そこで私は狩猟採取文明が農耕文明に合併、吸収されたのではないかと考えたわけである。

もちろん、ひとくちに合併、吸収といっても合併、吸収された側には、不平不満のものも少なくなかったろう。つまり神農王朝は、そのなかに相反する生活様式に固執する二つの集団をかかえることとなったと思われる。

たとえば八代の神皇は諱《いみな》こそ農山比古であるが、天火明男神《アメノホアカリオ》、つまり「火高見」系の神皇であったし、十三代の神皇も天之火山男神（諱は農久仁比古）であり、これもまた「火高見」系である。このような二つの流れ――火高見系と神農系の集団的対立、抗争は、ついに解消されないまま、第十五代神皇の世を迎えた。

第十五代の天之神農氏神（農作比古）には七人の子がいた。なかでも出色なのは第五皇子農立比古（のち国常立尊《クニトコタチ》）と第七皇子の農佐比古（のち国狭槌尊《クニサヅチ》）であり、ともに「智勇卓絶」と称されていた。

神皇（農立比古）は、ある日、この二人の皇子をよびよせ、重大な使命を託したのである。その使命とは、一族の運命を賭けた民族移動の敢行であった。それは、阿間都州（高天原）共同体内の火高見系と神農系との対立、抗争に終止符を打ち、新しい部族共同体を新天地に建設することであった。

いいかえれば、それは西アジアのこの高天原共同体内の対立、抗争する両派の分離ということである。高天原周辺の状況は十代にわたって続いた内部闘争を許さなくなったのだ。このままでは、両派とも外部から侵略の機をうかがっている強大な第三勢力によって破滅に追い込まれることを農作比古は洞察し、その内部対立を止揚するための苦肉の策が、この分離＝移動であったのである。

第十五代神皇（のち高皇産霊神《タカミムスビ》とよばれた前掲高皇産穂男神とは別神）は二人の皇子に詔を下した。

「日の本なる海原《うなはら》に、状観世に二つなき蓬萊山《とこよのやま》のあるあり、汝が命《みこと》ら、之《これ》に天降りて蓬萊国を治《しら》せ」

先発は兄の農立比古できまった。彼は第一陣を率いて、はるか蓬萊山《とこよのやま》をめざして出発した。この山は海上から見え、白煙を薄くたなびかせているという。だが、出発後約四十八年に及んでも、一行の消息はまだ杳として知れなかった。

そこで神皇は、農佐比古を召し「自分みずから農立比古のあとをたどって蓬萊山《とこよのやま》にゆく」といい出した。そこで農佐比古は、一族三五〇〇神を引率して、神皇、神后を護って西アジアの高天原を出発した。

ここに、初代から第十五代まで六万五千年を数えた天之御中世は、その幕を下ろした。当時の神々眷族（人口）は「凡《およ》そ三十五万神」に達していたという。

海路をとって不二山へ

出発したまま半世紀近く消息不明の農立比古（国常立尊《クニトコタチ》）の足跡を追って蓬莱山《とこよのやま》をめざした第十五代神皇夫妻と農作比古（国狭槌尊《クニサヅチ》）の集団は、先行集団の足跡を見失った。そこで、陸路を断念して海路をとって蓬莱山に向かった。

つまり彼らは乱世の中国大陸を通過することをさけて、中央アジアから左折南下、インド洋、マラッカ海峡経由東南アジアに到り、大陸海岸部を北上して、江南地方から海上に出、黒潮に乗って日本列島に到着した。そして、ふたたび黒潮の本流にのれば、あるいは海上から蓬莱山を発見できたであろうが、反面、本州に上陸するよりも、むしろカナダ沖までもってゆかれてしまう危険性もある。おそらく船団の水先案内をつとめた海人族の忠告によって対馬海流に乗ったのであろう。

船団が最初に着いたのが附島《つきしま》（対馬）、次に通り過ぎたのが行島《いきしま》（壱岐）、さらに大きな島が見えたので、それを附地見島《つくちみしま》（九州）と名づけた。だが一行は北航し、一つの島に休息した。

それが休通島（隠岐）である。

航海中、「黒鳥」が船団を導き、その導きによってある島に着いた。島に佐《たす》けられてその島に渡ることからその島を佐渡島と名づけた。

船団は佐渡島から反転、左手に見える陸地（本州）に沿ってしばらく南下、上陸した。その上陸地点を「越地《こしじ》」とよんだことからすれば富山か新潟県地方だったのだろう。

一行は海岸線に沿って西進、野登《のと》（能登）、家賀《かが》（加賀）に到着した。ここで「黒鳥」に代って「赤顔の獣七疋」が案内に立ち、分佐《わかさ》（若狭）に入った。これはここで「七匹」の案内と分かれたことからの命名である。代って案内に立ったのは「他の七匹の赤顔の獣」であった。農佐比古はこの「獣」に骨針で魚を釣ることを教えたりして西進した。やがて糧食が乏しくなったので、諸神が偵察に出かけ、稲の穂が多く稔っている地を発見した。そこを稲場《いなば》（因幡《いなば》）とし、その田の多い稲場への途中の地を田地場《たじば》（但馬《たじま》）とよぶことにした。

また、農佐比古らが釣をしたところを針美《はりみ》（播磨《はりま》）と称したというから、一行は日本海側から瀬戸内海側に出たわけである。なお農佐比古が田場《たば》（丹波《たには―たんば》）を出発するとき、はじめ一行を案内した黒鳥と七匹の赤顔の獣も集り、一行は数多の黒鳥と十四匹の赤顔の獣に導かれて進んだという。彼らはやがて東方に一行を導いた。

さて、この黒鳥と赤顔の獣であるが、これらもちろん烏《からす》や猪《いのしし》あるいは猿《さる》などではない。おそらく烏をトーテムとした先住民か、赤い顔をした先住民のことであろう。これらはのち（記紀編さん時代）に、神武東征のさいの案内役としての「八咫烏《ヤタガラス》」とか、天孫降臨のさい道案内をひきうけた「サルタヒコ」の説話に変形されて伝えられた先住民のことであろう。

さて一行は、これらの先住民の案内に導かれて、ある高原に到着した。そこの最高峰に登って周囲を眺めると、東南の方向に「幽《かす》かに蓬萊山の現わるるあり」。そこで一行は歓声をあげ、そして「彼方《かなた》（蓬萊山）へ飛太伊《トビタイ》」と祈った。そのことから、この山を「飛太山《ヒタ》」とよび、その地を「飛太野《ヒタノ》」とよぶことにしたという。とすると、この山は乗鞍岳《のりくら》だったのだろう。

一行はかいま見た蓬萊山をめざして難行軍を再開した。記祖路《きそじ》（木曽路）を経て、やがて平野部に出た。その地に大きな川が三筋流れていることから三川野《みかわの》（三河）と名付けた。

一行は、その三筋の川を渡って、ようやく蓬萊山の麓にたどりついたが、食糧がまた尽きたので、手分けして木の実、草の実、鳥獣魚介などを取り、それらを蓄えるため、しばらく（といっても約十年間）そこにとどまった（現在の愛鷹山麓）。そこで、その地を「住留家野《するがの》」（駿河）とよぶこととなった。

一行は住留家野で準備をととのえ、蓬萊山の中腹の高原に向かった。その高原は清冽な湧き水と豊かな温泉とに恵まれ、獲物《ゲーム》も多く、生活しやすいところだった。農佐比古らは小室《こむろ》の丘に宮を設け、そこを「穴宮の大宮居」と称したということからすれば、一行はかつて噴火のさい生じた洞窟（穴）に住んでいた可能性が大きい。

さて、蓬莱山を拝して、その形状、世に二つとないということから「不二山《ふじ》」と命名、さらにその高い峰に火が燃え、かつ太陽（日）の昇る方向に面していることから「日向高地火峰《ヒムカタカチホノミネ》」ともよんだ。

一方、その穴宮の所在地を阿田都《アタツ》山とも称し、付近一帯の高原を「高天原《タカマガハラ》」とよぶことにした。これが「富士高天原」の発祥である。なお、不二山を山々の祖山《オヤヤマ》であるとして阿祖《アソ》山ともよび、また、付近の谷や草原を「阿祖谷」「阿祖原」などともよぶようになった。

一方、先発の農立比古集団はどうなったのであろうか？　彼らは流砂と草原、あるいは氷雪や炎熱と戦いながらいつしか大陸の東端にたどりついた。彼らは船を調達して朝鮮海峡から瀬戸内海へ入り「本島」（本州）近くの「小島」（淡路島）にしばらくとどまっていた。そこを根拠地として蓬莱山の行方（所在）を探索した結果、ようやく見当がついたので少数の集団を率いて出発、やっと富士山麓にたどりついた。そして、弟の農佐比古とめぐり会ったのである。

だが、そのとき両親（第十五代神皇、神后）はすでに帰幽していた。両親は行方不明の農立比古の身の上を案じつつ「高天原に止りますこと一千五百日にして」神避《かむさ》りましたのである。

さて、二人の皇子は今後を相談した結果、農立比古は、自分の妻子や眷族が多く西にいるので、自分は西にもどってこの「四季島《シキシマ》」（四季の風物が美しいことからの名称で「敷島」とも

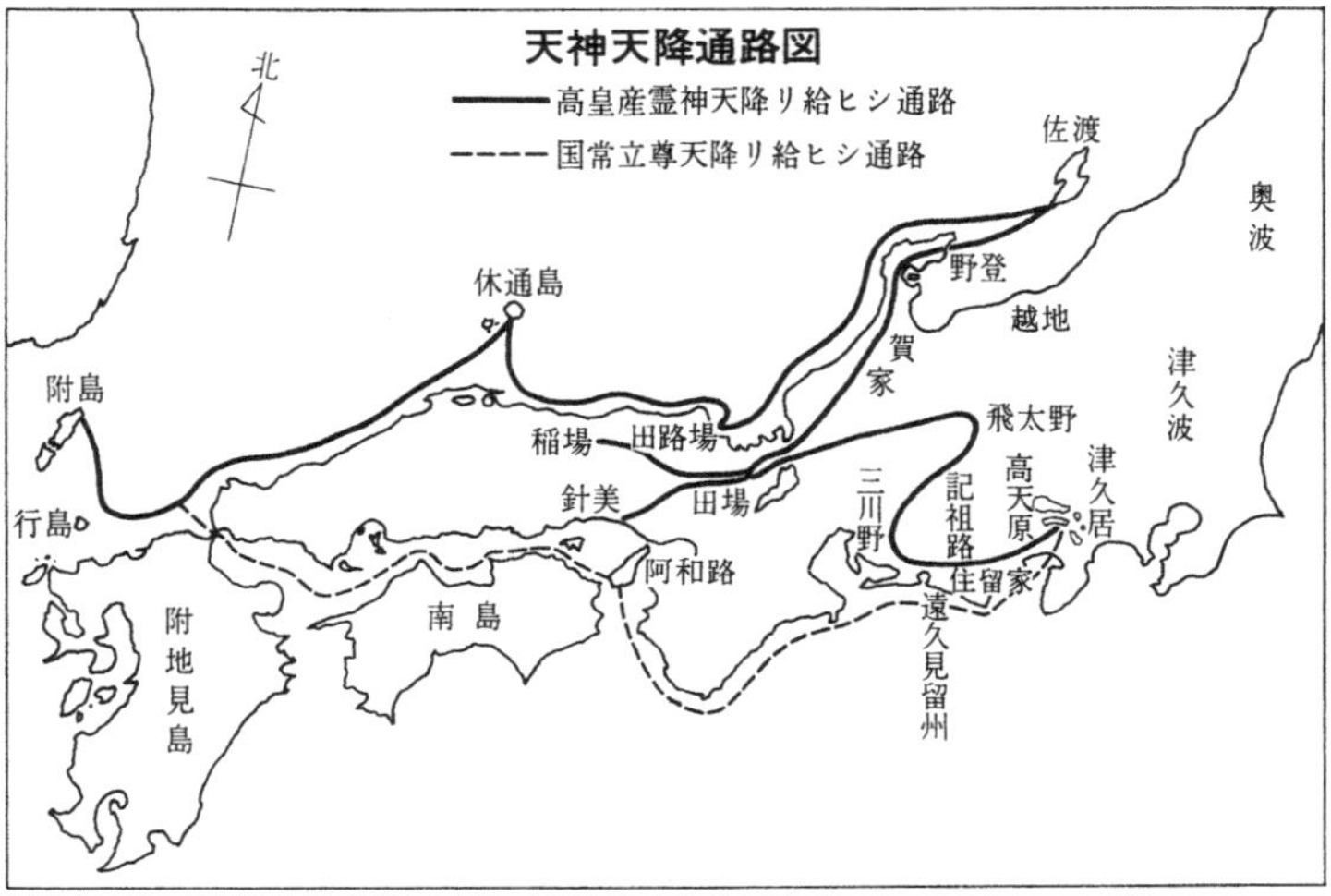

書き、日本の古名の一つ）の西半分を治めたいと述べた。そこで農佐比古は東半分を治めることになった。そして「凡そ国事は高天原（富士山麓）に会して議りまさむ」ということにした。このようにして日本列島は「二つの日本」として統治されることになった。

なお、農立比古は淡路島（阿和路《アワジ》）にもどり、一族を率いて田場（丹波）の真伊原《マイバラ》の桑田の宮に移った。なお、農立比古の勢力範囲は、飛太野（飛騨）、越地前《えちまえ》（越前）、越地後《えちご》（越後）、田場（丹波）、稲場（因幡）、針美（播磨）、穴門《アナト》（長門）、奥附地見《オクツキチミ》と前附地見（九州）であったといわれている。

ちなみに、この農立比古（国常立尊）のいた桑田の宮は、現在の京都府の綾部市付近ともいわれている。この地に、明治時代に入って、国常立尊

（艮ノ金神《ウシトラ》）を主神とする大本教が生まれたのもふしぎな因縁である。

富士高天原王朝を開いたのは誰か

天之御中世第十五代神皇が、その西アジアの高天原から、この日本列島に大長征を試みた理由については、私は、共同体内の対立抗争と周辺の異民族の圧迫を示唆的に述べておいた。

私はここで、さらに気候的要因をあげたいと考えている。かつて井上赳夫氏は、京都大学の志田博士の台湾ヒノキの年輪の変化にもとづく気候七〇〇年周期説、慶応義塾大学の西岡秀雄教授の法隆寺用材の年輪や貝がらに見られる気候の寒暖差にもとづく気候七〇〇年変動説と、自身の古代天皇の寿命の長短にもとづく気候七〇〇年周期説を踏まえて、古史古伝（この場合は宮下文書中心）の描く日本の古代文明の謎解明に挑戦したことがあった。

ちなみにこれらの研究者の気候周期説は、世界的な気候変動研究者であるハンチントン教授の変動モデル（これはカリフォルニアのメタセコイアの年輪やカスピ海の水位の変動にもとづくもの）とみごとに重なっていることから、科学的にもきわめて信憑性が高い。

この気候七〇〇年周期モデルによれば、寒期の七〇〇年には寒地（北方ないし高地）の民族の南下が起こり、暖期の七〇〇年には逆に暖地（南方ないし低地）の民族の北上が起こることとなる。

このことは三氏の場合も、ハンチントンの研究（『気候と文明』）でも、ひとしく認められ、世界史の主要事件の原因となった民族移動や、日本史の政権や政治中心地の移動などはすべてみごとに解明できる。

したがって第十五代神皇のときの西アジアの高天原の放棄は、このユーラシア大陸の気候変化によって引き起こされた古代諸民族の大移動の余波（といってもそのエネルギーは人口三十五万神の高天原を根底からゆるがすに十分だ）をもろにかぶったからではないかと考えている。

具体的には、紀元前一七〇〇年、つまり寒暖曲線の底にあたる寒期におけるアーリア人の大移動期ごろ、この高天原共同体の蓬萊の島への移動が開始されたものと考えたい。あの古代インダス文明（モヘンジョダロ）を破壊したアーリア人の大移動の渦動にふれたなら、おそらく天之御中世などは吹き飛んでしまうだろう。

三十五万人の高天原共同体のなかで、第十代神皇（農作比古）や農佐比古（国狭槌尊）らを囲んで蓬萊山遠征（つまり西の高天原を脱出）したのがわずか三五〇〇神（人）だったという。残りは、このユーラシア大陸内部の民族大移動の巨大なエネルギーの渦動におそれをなし、そのまま西アジア高天原にとどまって状況を見るということになったのであろう。

なお、この民族大移動は中国大陸でも猛威を振るっていた。「三皇五帝」の夏《か》は南方系の民族王朝であったが、北方系の殷《いん》帝国の成立によって崩壊した。だが黄河文明圏と揚子江文明圏との抗争は依然続き、社会的安定にはまだ遠かった。

おそらく農立比古（国常立尊）の先発集団は、夏と殷との交替期の混乱に巻き込まれて消息不明となったのであろう。中原のこの混乱を知った高皇産霊神（第十五代神皇）や農佐比古は、草原と砂漠の――陸の――シルクロードを避け、海のシルクロード経由の移動を考えたのも当然といわなければならない。

彼らは、アーリア人の大移動の混乱――どさくさ――にまぎれて、アラビア海もしくはインド洋に面した地点に集結し、船を建造、竜船七隻を中心とする船団を編成し一路東に向かって出港したものと思われる。

寒暖の世紀表
（数字は世紀を示す）

寒　期	暖　期
前38頃	
	前35～34
前31頃	
	前28～27
前24頃	
	前21～20
前17頃	
	前14～13
前10頃	
	前７～６
前３頃	
	１～２
５頃	
	８～９
12頃	
	15～16
18頃	
	22～23

西岡秀雄著『寒暖の歴史』より

船団はおそらく古代フェニキア人が開いたインド航路に乗り、ベンガル湾、マラッカ海峡を経て南シナ海に出、さらに北上、ルソン島沖から黒潮（日本海流）によって沖縄を経て、次いで対馬海流に導かれて佐渡島に到着……ということになったのではないか。

ちなみに「日向高地火《ヒムカノタカチホ》」の別名「阿祖山《アソ》」の「アソ」とは「燃える」「煙」などを意味するマライ語である。したがって富士高天原王朝を開いた集団が「南回り」であったことは明らかである。

Ⅱ章
富士王朝と高千穂王朝

高天原世――天神七代

天之御中世十五代の幕を降ろした国常立尊《クニトコタチ》、国狭槌尊《クニサヅチ》の兄弟は、高天原世をこの日本列島に開いた。

高天原世天神七代の神皇は次のとおりである。

第一代　国常立尊《クニトコタチ》（農立比古）
第二代　国狭槌尊《クニサヅチ》（農佐比古）
第三代　豊斟渟尊《トヨクシヌ》（後半は尾茂太留尊《オモタル》）
第四代　泥土煮尊《ウイチニ》
第五代　大戸道尊《オオトノジ》
第六代　面足尊《オモダル》
第七代　伊弉諾尊《イザナギ》（神后伊弉冉尊《イザナミ》）

だいたい古事記の「神世七代」の神々と同じである。

それぞれの神皇の治績としては、国土開発（土木、水利、道路）から、農業の普及、金属精錬（鉄を含む）、土器製作、それに法律の施行などが記されている。

また、大己貴命《オオナムチ》（大国主命《オオクニヌシ》）とか少名毘古那命《スクナヒコナ》という記紀神話では出雲系の主神なり有力神が、それぞれ第五代大戸道尊《オオトノジ》とか第三代豊斟渟尊《トヨクシヌ》の第一皇子として記されている点も注目すべきかもしれない。

第七代の伊弉諾尊《イザナギ》は神后伊弉冉尊《イザナミ》と協力して、国土の平定につとめた。国法を制定して「一洞一沢一組に各頭《カシラ(カミ)》を定め、一洞の頭を洞頭と、一沢の頭を沢頭と、一組の頭を組頭と定め給う」とある。私はさきに、富士高天原の人々（神々）は洞窟に居住していたのではないかと記したが「一洞」とはまさに、ある単位の家族が一つの洞窟内に住まうコミュニティであり、これによっても洞窟居住は明らかである。

また、国常立《クニトコタチ》、国狭槌《クニサヅチ》二尊の子孫を「天つ神」とし、「大政頭」はこの天つ神から選び、洞、沢、組の各頭はそれ以外の「国つ神」の子孫から選ぶことにきまった。

なお、「軍神」を定めたとあるが、これは常備軍の創設と、その指揮系統の確立と思われる。武器としての弓が開発されたのもこの代とされている。

さらに、政治面では、神皇の左右に「守神」（左頭神、右頭神）をおき、神皇の大政を補佐させるようにし、いずれも天つ神が就任した。

族神の儀礼も定まり、近親結婚の禁止、親子、兄弟、伯父、伯母の儀礼、天つ神、国つ神関係の儀礼も制定された。
なお、衣服の制もこの代に制定された。衣服は「柏木の葉」「芭蕉の葉」「常盤樹《トキワギ》の葉」など、植物の葉を葛の蔓《つる》にぶら下げたものであったとある。つまり、まだ植物繊維を採って織る段階には達していなかったということになるが、同時に気候が温暖であったことも考えられる。さらに、渡来コースが南回りであったということもあるだろう。

宮下文書の数字

夫神田仁知比古の諡、伊弉那諾尊
婦神白山比女の諡、伊弉那冉尊
高天原之世七代。凡そ十八〇（万）五千日。
大御神の眷族。
天都神、凡そ十二万三千神。
国津神、凡そ二十六万三千神。
　二十氺〇三千神（原文）。
合計、三十彡彡〇氺千神（原文）。
　三十八万六千神。

（開闢神代暦代記・国常立尊来暦・神皇御系族記）

この衣服については、それにいく種かの果実（堅果）の首飾りをつけ、その堅果の種類によって身分の区別を示したという。たとえば上頭神は常盤木の実、中頭神は栗の実、下頭神は楢《ナラ》の実をそれぞれ藤の蔓《つる》にて貫いたものを首にかけたわけである。なお天つ女神は棗《ナツメ》の実、国つ女神は榧《カヤ》の実の首飾りをつけていたという。

文化面では「数字」（記数法）が開発されたことが重要な達成である。それは木の小片と藤蔓を次の図のように配列することによって行なわれる。

すなわち「一」は一の位《くらい》を表わし、たとえば「五」なら「一」を五本たてに並べる。次に「十」の位は「十」（十文字）に木片をおく。「二十」なら「十」を二つたてに並べるわけである。「百」の位は「圭」のようにやや複雑だが、大小の木片をならべる。「千」の位は「干」のように木片をならべればよい。「万」の位は○である。これは藤の蔓でつくった丸い輪を用いる。そして図のように「千万」単位まで記数できることになる。

十進法だから、繁雑さをいとわなければ、さらに多くの数を記し、表わすことができるわけである。

だが、一応「千万」以上の数字は、高天原の神々にとっては現実的な必要性を感じられなか

宮下文書の数字

一一一一一一一一一一　十十十十十十十十十十　圭圭圭圭圭圭圭圭圭圭

干干干干干干干干干干　○（但し此の輪は、藤の丸輪なり）　一○　二○　三○　亖○　五○

氺○　卞○　彡○　㣇○　十○　圭○　干○○○。

ったのであろう。

なお、高天原世五代神皇のときの人口は、天つ神、国つ神系併せて三十八万六千神三十彡〇㞢千（原文）であった。

イザナミ――白山比女の原イメージ

イザナギ、イザナミの二神が「この漂える国を修《おさ》め理《つく》り固《かた》め成《な》」し、また大八島（日本列島を構成する八つの島々）をはじめ、多くの神々を生成したという古事記の話は、たいていの人が知っている。

宮下文書で、この二神が第七代神皇、神后として、国土経営に活躍したことについては前節で述べたとおりである。だが、この文書の記述から「大地母神」としてのイザナミのイメージを汲みとることは難しい。

つまり、高天原の世もすでに七代目となり、イザナミ神后は、神話上の人物というよりもむしろ歴史上の人物としてその行動が語られているからだ。

しかし、このイザナミの神性が、より古代的なものであることは、イザナミの名が the Old Mother を意味することからも分かる。つまりイザとは古代縄文語の old を意味し、ナミはアミであり、接頭語アに女性、母性を意味するミがついた語である。また彼女の名が「白山比《シラヤマヒ》女《メ》」とも記されていることから推測することができる。

白山比女、これは「白山」神界の主神である。石川県鶴来町の「白山比咩《ヒメ》神社」はこの女神を祭る。そして、その奥宮は白山火山脈の主峯の白山《はくさん》（石川、岐阜両県の境にある標高二七〇二メートルの鐘状火山《トロイデ》）の頂上にあるのだ。後世、修験道の一大行場となったが、この山に対する信仰は縄文にさかのぼるのでは、といわれている。

白山比女は、菊理姫《ククリヒメ》神ともいい、この神の性格については、今日でも謎に包まれたままである。民俗学者の折口信夫は「くくり」とは「水を潜《くぐ》る」から出た名であり、日本書紀によると黄泉の国から帰還したイザナギに禊《みそ》ぎを教えた神であることからして「水の女」の原型と見ていた。

この「禊《みそ》ぎ」とは、ふつう穢《けが》れを洗い流す行為と考えられているが、それは「浄」と「穢」とを一つにまとめあげる、つまり調和させるはたらきである。したがって「禊ぎ」の神である菊理姫《ククリヒメ》は、善悪、浄穢、明暗など相反する価値を調和し、一つの世界に統合する「軸」となる重要な神ということになろう。

さて、イザナミのもう一つの名が「白山比女」であるということは、彼女こそ、この世界、相反する価値観の競合する世界に、調和ある統一をもたらす神ということになる。ここに西欧の神話学者のいう「大地母神」以上の神格が見られる。

民俗学者の宮田登氏によれば、このような神の観念は定着農民には見られないという。とすれば、この神は弥生以前の縄文の神ということになる。

それが弥生以降、埋没された神となったということであろう。

私は、このイザナミに海の匂いを感ずる。というのも海こそ地球上のあらゆる生命の母であり、また地上の一切の穢れを浄化してきた偉大な存在である。「水の惑星」としての地球に、もし地霊というものがあるとすれば、それはまず「海」――地球万類の生命の源泉――の霊であろうから。

事実、大本教系の人々によって「竜宮海」といわれている若狭湾の小島に、この白山菊理姫が祀られているのだ（竜宮乙姫として）。

また、後述するが、富士山麓にあった古代湖――刻《セ》ノ海《ウミ》の畔にも「海守竜宮」が祀られていたことも、白山比女がもともと「水」に有縁の神であったことの傍証となるかもしれない。

だが、宮下文書はなぜこのイザナミ（白山比女）について言及するところが少ないのだろうか？　私はそこに創世記（創成神話）を欠いたこの文書の限界を見る。おそらく、この七代神后としてのイザナミに、他の代の神后には見られない創造的記述を付け加えたことと、その本来の名を「白山比女」として伝えたことがせい一杯だったのであろう。

海の母であるイザナミが、山岳信仰の対象とされることの不思議さについて、私は「山の民」の木地師《きじし》やまたぎの伝承・習俗のなかに、海についての、より具体的にいえば「竜宮」についての郷愁じみたイメージが色濃く残っていることについて考えたことがあった（小著『漂泊の民山窩の謎』『こけし造り木地師の謎』新国民社）。また、海の信仰である熊野信仰が山中に見られることの不思議さも考えたことがあった（『謎の九鬼文書』）。

率直にいえば、当時私はまだ、その不思議さ――謎といってもよいだろう――について十分判っていたとはいえなかった。だが、この現在は、このイザナミこそ自由の「海」から天の岩戸（に象徴される陸の岩窟）に幽閉された神であったがゆえに、白い山の頂きに祀られた（押し込められた）のだと考えている。

海を奪われた人魚――乙姫さまこそ、イザナミであり、ククリヒメ（白山比女）であったのである。

豊阿始原世――地神五代

高天原世は、イザナギ、イザナミの死とともにその幕を下ろした。そして、イザナギ、イザナミの第一皇女の大日留女尊《オオヒルメ》が神皇となり豊阿始原世《トヨアシハラノヨ》の幕が上がる。この神皇こそ天照大御《アマテラスオオミ》神《カミ》である。

これまで女性が皇位につくという例はなかった。したがって、この天照大御神の登場は一つの革命ではなかったかと私には思われるのだが、この問題はあと回しにして、この豊阿始原《トヨアシハラ》世地神五代の神皇のリストを次にかかげてみる。

第一代　大日留女《オオヒルメ》尊（天照大御神）
第二代　天之忍穂耳《アメノオシホミミ》尊
第三代　天日子火瓊瓊杵《アマツヒコホニニギ》尊
第四代　日子火火出見《ヒコホホデミ》尊
第五代　日子波瀲武茅葺不合《ヒコナミサタケウガヤフキアエズ》尊

（この第五代ウガヤフキアエズが、次の宇家澗不二合須世《ウガヤフキアエスノヨ》五十一代王朝の始祖となる。）

さて、記紀の神統譜によれば、イザナギには「三貴子」がいた。天照大御神、月夜見《ツキヨミ》命、素《ス》盞嗚《サノオ》尊の三人である。そしてアマテラスには高天原を、ツキヨミには夜の食国《オスクニ》を、そしてスサノオには海原《ウナバラ》をそれぞれ治《し》らせ——統治せよとイザナギが命じたとある。

だが、この文書の伝えるところでは、ツキヨミは「月峯命」と記されており、国土（四方州《ヨモツクニ》）の「惣山《そうやま》」の支配を姉のアマテラスから委任されたとある。また「海原」はスサノオではなくて三弟の蛭子《ヒルコ》命（栄日子《エビス》命）の支配となっている。

なぜ「月読命」が「月峯命」となっているのか、またイザナギ、イザナミの結婚後の第一子でありながら肢体不自由児だったとされて葦舟に乗せて流された「水蛭子《ヒルコ》」が、スサノオの代りに海洋の支配者となっているのか？　多くの疑問があるが、宮下文書は黙して語らない。

なお、この文書では、アマテラスを一生独身だったとしているが、古史古伝の一つ「秀真《ホツマ》伝《ツタエ》」にはアマテラスが男神であり、多くの后妃をもっていたとされていることもつけ加えておこう。

二代のアメノオシホミミは高天原世の三代神皇豊斟渟尊の孫にあたる。この代は、アマテラスの治世が成果をもたらし「四海浪静か」であった。

三代のニニギは、このアメノオシホミミの長子で、山住命《ヤマズミ》（大山祇命）の二女阿田津比女《アダツヒメ》を神后とした。この女神はその容姿の美しさから、のち木花咲耶姫《コノハナサクヤ》とよばれた。

このニニギ時代、筑紫嶋《ツクシシマ》（九州）に西北の大陸から外敵が侵寇してきた。そのため日本本土の西半分を戦場とする大戦が起こり、いくどかの苦しい戦闘の結果、どうにか外敵を撃退した。

なお、この戦いで敵軍の捕虜となった神后（コノハナサクヤヒメ）が、救出後、妊娠していたことから神皇にその貞操を疑われ、出産後、富士の噴火口に投身するという悲劇が生じた。

このコノハナサクヤヒメの二子、火照命《ホテリ》と火遠理命《ホオリ》とは記紀神話の「海幸《ウミサチ》、山幸《ヤマサチ》」のモデルであるが、二人の争いは結局、山幸ことホオリノミコトの勝利となり、四代神皇の座についた。

ホオリは「海神」の第一女（豊玉姫）と結婚した。

この代に筑紫嶋に二度目の外寇があった。さっそく対策会議が開かれたが、その結論は重大なものであった。

まず、神皇（四代ヒコホホデミ）は退位し、皇子の阿曽男命《アソオ》を神皇（第五代）とすること。

次に、神都を富士山麓から筑紫に移転すること。

この二つの決定の意味は重要かつ微妙である。なぜ外敵の侵略という非常事態発生の時点で元首交代という挙に出たのか、出なければならなかったのか？

また、神都を移転したというが、これは本土防衛上の観点からとある。だが第一次外寇のさいは九州全域が戦場となり、一時的にせよ四国まで占領されたはずである。また、第二次外寇のさいに九州のほぼ全域にわたって戦闘が展開されたという。とすれば、もっとも重要な神都を、今後とも外寇のたびごとに戦場となる可能性の濃い九州（霧島山麓ないし阿曽山麓）に移転するということは、防衛的見地からみて矛盾である。

これも宮下文書の「豊阿始原世」の謎の一つである。

ともあれ、この第四代神皇彦火火出見《ヒコホホデミ》尊の退位と、阿曽男命《アソオ》の第五代神皇即位によって豊阿始原世は事実上消滅し、新たなウガヤ王朝の世が展開されることとなった。

三貴子と蛭子の謎

高天原世《タカマガハラノヨ》の第七代神后イザナミの死が、そのまま豊阿始原世《トヨアシハラノヨ》の開幕となることはきわめて象徴的である。つまりイザナミからアマテラスへの移行は、汎世界的神話の清算であり、太古代からいわゆる記紀的神代への変化である（宮下文書では「天神」から「地神」への移行）。あるいは原始宗教的な大地母神信仰から原始神道の発生と見ることもできる。つまり一つの文明の死であり、また誕生である。これは立派な「革命」である。

だが、アマテラスに一応ポイントを合せてこの文書を読むと、記紀神話とあまりにも相違することに驚く。まず前節でも簡単にふれたが「三貴子」の一人である月読《ツキヨミ》命の代りに、月峯《ツキミネ》命が、夜の食国《オスクニ》ならぬ国土の「惣山《そうやま》」を支配している。また、素戔嗚《スサノオ》命の代りに、「海原《うなばら》」の支配をゆだねられたのは栄日子《エビス(コ)》命、つまり蛭子《ヒルコ》命である。

一方、スサノオは、といえば、この記紀神話最大の魅力的なキャラクターは、新羅《シラギ》王四男の多加《タカ》王として登場し、ユーラシア大陸の東部を経綸し、余勢をかって高天原に侵入、大日留女《オオヒルメ》尊（アマテラス）を妻として瑞穂国を征服しようとした野心家として描かれている。

この多加王《スサノオ》の乱暴に対してアマテラスが深山の岩戸にかくれたまでは記紀と同じであるが、

結局は大己貴命《オオナムチ》（大国主命）と手力男命《タヂカラオ》との作戦にひっかかり、多加王は生けどりにされたという。そしてスサノオこと多加王は、大己貴命の説諭により改心し、以後アマテラスを姉として敬い、恭順を誓ったものの、西北の国に流罪とされた。その地は、富士高天原から悪神を流した国であることから、富士山より出ずる雲という意味をこめて「出雲《いずも》」と名づけたという。

その後、善神となった多加王は、北陸地方の悪神や邪神を討伐し、宝剣、宝司の玉、八角鏡の「三品の大神宝」をアマテラスに奉献した。

アマテラスは、多加王の再出発を歓び、諱《いみな》を祖佐三男命《ソサノオ》と名付け（「祖先の神々以来の神業を佐《たす》ける」の意）、さらに諸国のまつろわない神々の討伐を命じた。ソサノオ、つまりスサノオは四方の国々に出向き、悪神、邪神を多く捕え、彼らを収容するために戸隠山に設けられた「天獄」の責任者に任命された。

というようなぐあいだが、ここに出てくるスサノオのイメージは、記紀神話に比べてもはなはだしまらない。

ただ、注目すべきは、スサノオの出自が現在の朝鮮半島（新羅）であること、また、軍勢（眷族）率いて大挙、富士高天原まで侵入したこと、また、独身のアマテラスの肉体を征服しようとしたことなどであろう。

スサノオ朝鮮出自説は古来からあり、またその高天原侵略は記紀からもうかがわれる。さらにアマテラスとの結婚については、多くの神話学者がそれを認めている。なかには、スサノオが高天原で行なった乱暴の一つとして――アマテラスが天の岩戸にひきこもる直接の原因となった――彼女が忌服屋《いみはたや》（清浄な機屋《はた》）で神御衣《カムミソ》織《オ》（神に献納する御衣）を織らせていたとき、その服屋《はた》の屋根をこわし、逆剝《さかはぎ》にした天の斑駒《ふちごま》をおとし、それに驚いた服織女《はたおりめ》が梭《ひ》（機《はた》の横糸を通す道具）で「陰上《ほと》」をついて死んだという事件を、スサノオがレープしたためアマテラスが死んだと示唆している学者さえいる。つまりアマテラスの天の岩戸ごもりは、太陽の神の死と解するわけである。いかにも暴風雨の神スサノオらしい行動である。

だが、記紀の場合と同じくスサノオは高天原の支配に成功しなかった。そして高天原追放後のスサノオの行動は、この文書の場合、記紀伝承よりもサエないのはすでに記したとおりである。

一方、月読命こと月峯命は、記紀ではまったく無視されているが、文書では全国の山守の頭領となり、その子の寒川比古も国の「総山守頭」として、全国の山林を支配している。これは、全国の「山の民」の総支配ということだろう。

また、記紀のスサノオに代って「海原」を統治する蛭子《ヒルコ》こと栄日子《エビス》命は、四海の海守総頭であり、とくに水産業の振興に意を注いだとあるが、これは「海の民」の総支配ということだろう。七福神の一人として、釣竿と鯛をもっているエビスさまが、この蛭子《ヒルコ》だという。それにしても記紀の蛭子（身体障害者として生まれたため、葦の舟に乗せて流された）のイメージとはあまりにもちがうようだ。

このように眺めてくると、ある一つのことに気がつく。それは、イザナギ没後のアマテラス至上体制の確立ということである。

まずツキヨミが月神の座からはずされたのは、原始古代の月信仰がより新しい太陽信仰にとって代わられたことの象徴か。またスサノオの矮小化は最大のライバルに対するコンプレックスの投影であろう。だがイザナギ、イザナミの第一子であるヒルコの場合は、なぜ登場したのかちょっと分からない。一応スサノオ抹殺によって生じた空白を埋めるためかとも考えられるが、記紀神話における葦舟流しは旧約聖書のモーゼの故事を思い起こさせるだけでなく、東南アジアや南太平洋に拡がる第一子不完全型神話などから見て、あるいはヒルコはさらに古態の神だったのかもしれない。

スサノオ対アマテラスの闘い

文書におけるアマテラスとスサノオの対決は、結局アマテラスの勝利に帰した。スサノオの惨敗は記紀以上である。

だが、いくつかの疑問が残る。

その一つは、スサノオ＝多加王説、というよりもスサノオ＝新羅《シラギ》人説である。新羅王の第四子として生まれ、天成の勇猛さでもって東北アジアを席巻し、その余勢をかって一三〇〇余人の精鋭を率いて日本本土に上陸、富士高天原に侵入して豊葦原瑞穂国《トヨアシハラノミズホノクニ》を支配しようとした侵略者《インベーダー》——悪神とあるが、はたしてその真相はどうか？

スサノオを新羅王の子と記したのは岩間本であるが、三輪本は彼を高皇産霊神《タカミムスビ》の曽孫と記している。つまりスサノオは天之御中世最後の神皇の曽孫ということになる。その点、同じ原文（文書）によりながら、三輪義凞と岩間尹とのあいだの食い違いも謎めいている。

だが、この謎は割合簡単に解けるのではないか。つまり三輪本と岩間本の成立年代を考えればよい。まず三輪本が書かれた時代は、大正デモクラシー華やかなりしころ（初版大正十年）とはいえ、皇国史観が絶対で、いやしくも皇室の祖先にかかわる重要な神（スサノオは皇祖アマテラスの「弟神」とされている）の出自を朝鮮半島であるなどと表記することは不可能であった。著書発禁、著者が不敬罪で起訴ならまだしも、文書所持者の宮下家にも迷惑が及び、さらに伝来の文書自体も当局に没収され、廃棄されかねない。そこで三輪としては精一杯の表現が、「高皇産霊神の曽孫」だったのである（この高皇産霊神＝高木神が大陸ないし半島と縁が深い神であることは当時でも「知る人ぞ知る」であった)。

一方、岩間本が書かれたのは戦後のことである(初版昭和四十三年)。しかも江上波夫博士らの「騎馬征服王朝」説が社会に相当程度定着しており、一部の学者のあいだには、スサノオ新羅鉄王説さえ提唱されていた時点での出版であった。それだけにスサノオの出自を新羅王の第四子とあからさまに表記できたわけである。

だが、これで問題(謎)がすべて解決したわけではない。スサノオが新羅王家出自であったとしても、それをただちにスサノオ=朝鮮人説に結びつけてそれで済むのかという問題である。

私は、スサノオが高皇産霊《タカミムスビ》神、つまり第十五代神皇の系譜に連なるという三輪の説は、けっしてコジツケであるとは考えない。なぜなら、この神皇(高皇産霊神)の皇子の一人、農立比古(国常立尊)は、陸路西アジアの高天原から出発した。そして朝鮮海峡を渡り、瀬戸内海に入ったとすれば、この農立比古の子孫が新羅王となっていても不思議はないからである。おそらくスサノオは、自分の出自(系譜——高皇産霊神の曽孫)をたてにとって瑞穂国、そして高天原、つまり天之御中世の神皇位の継承を主張するために富士高天原に乗り込んできたのであろう。

スサノオのこの主張(神皇位継承要求)は、古代ではごくふつうのものだった。たとえば、はるか後世になっても、応神天皇六世の孫と称する豪族が皇位継承権を主張して、結局即位し継体天皇となっているくらいなのだから。それにくらべれば「曽孫」といえば四世の孫だから、継体天皇の場合にくらべ、その主張の根拠はより具体的、現実的なものである。

また、スサノオがアマテラスに強引に求婚した件であるが、これも三輪本では省略されている。その理由はいわずとしれた皇国史観である。だが、古代とかぎらず近世にいたるまで、征服者が被征服者の高貴な女性と結婚することによって、その支配権の取得を正統化することは慣例化していたのだから、スサノオが自分の勝利を決定づけるためにアマテラスと結婚しようと欲したことは十分に考えられることである。おそらく二人は結婚したであろう。少なくとも古事記の「天の安の河の誓約《うけい》」はそのことを示唆している。二人のあいだで合計八人の子が生まれたということは二人の結婚生活――スサノオの高天原支配――が少なくとも八年間続いたことの証明であろう。したがって、スサノオの乱暴に対しても高天原の神々はちょっと手を出せなかったわけである。

やがて、アマテラスがスサノオに愛想をつかし、離婚した（一方的に？）とき、はじめて高天原の神々のあいだからスサノオ打倒の動きが起こった。そして、そのクーデターが成功し、スサノオが逮捕されたわけだが、彼は死刑にならず、追放された。この、いささか軽きに失する処分も、スサノオがアマテラスの前夫だったことからすれば理解できなくもない。

かくして、天之御中世の復辟《ふくへき》（復活）に挫折したスサノオは漂泊神として各地をさまようことなる。ときには疫病神とされたことは「蘇民将来」伝説の物語るところだ。そして八岐《やまたの》大蛇《おろち》退治のさい入手した神剣をアマテラスに奉献することによって、豊阿始原世に恭順したこととされる。

だが、スサノオは本当に敗れたのだろうか？　つまり、記紀神話や宮下文書の記述どおりにアマテラス政権に屈服したのだろうか？　その疑問に応えるのが「九鬼文書」である。

内乱と外寇――海幸山幸伝説の意味

文書は、豊阿始原世の三代ニニギノミコトの時代に、九州地方に外寇があったことを記している。この侵略者は西北の大陸からきたとされているが、やはりこの時代の外寇を記した古史古伝の一つ上記《うえつふみ》によれば、おそらくシベリアの沿海州付近のことをさすのではないかと思われる。あるいは平安時代中期に来寇した刀伊《トイ》（女真族）の祖先かもしれない。

だが、私はその侵略者は朝鮮半島から東北アジアを支配していた多加王（スサノオ）の子孫ではないかと考えていた。戦闘を激烈というよりは、むしろ苛烈であり、一時は南島（四国）まで占領されたというのだから、十三世紀の元寇どころの話ではない。太平洋戦争の終戦が遅れ、アメリカ軍が上陸したら、おそらく展開されたであろう本土決戦の凄惨さを思わせるよう

な状況が西日本一帯に起こったらしい。なにせ神后であった木花咲耶《コノハナサクヤ》姫が捕虜になったという
くらいなのだから。

防衛戦に活躍したのは惣軍《そうぐん》司令官である大物主《オオモノヌシ》命（大国主命）以下少名毘古那《スクナヒコナ》命、事代主《コトシロヌシ》命らであった。つまり出雲系の神々である。これらの神々の奮戦で、一応この外寇は切り抜けることができたが、捕虜――妊娠ということから貞操上の疑惑を受けた神后コノハナサクヤヒメは富士の噴火口に投身自殺した。さらに彼女の死をいたく悔んだ神皇ニニギノミコトの死（鬱《うつ》病による体力消耗）という大きな犠牲を払ったあげくの辛勝であった。

豊阿始原《トヨアシハラ》朝は、戦後の混乱がまだ収束しないうちに、この神皇、神后の急激な死亡という事態を迎え、政治的な危機《ピンチ》に立つ。そして後継の第三代神皇の高御座《タカミクラ》の争奪の争いが、第一皇子火照《ホテリ》命と第三皇子火遠理《ホオリ》命とのあいだに起こった。これが記紀神話の「海幸、山幸」の争いであるが、結局、竜宮の支援を受けた山幸こと火遠理《ホオリ》命の勝利に帰した。

この神話ないし伝承の謎は、竜宮がなぜ海幸でなく山幸側に加担したかということである。古事記では山幸彦と竜宮の豊玉姫の出会いが契機となっている。つまりLove makes history（恋は歴史をつくる、つまり「歴史は夜つくられる」）というきわめて人間的な論理を展開している。一方、宮下文書では、海幸、山幸の対立の仲に入った竜宮王が、その接衝の過程で、海幸の過大な要求や高姿勢に憤慨して山幸側についたとなっている。

戦局は、竜宮と山幸の同盟を知った高天原の諸神が同盟側に立ったことによって結着した。そして、山幸こと日子火火出見《ヒコホホデミ》尊が第三代神皇として即位した。

この竜宮の支配者「海守司竜王」は、アマテラス王朝のときの海守司である栄日子命《エビス》（蛭子《ヒルコ》命）の嫡孫だと文書は伝えている。

記紀によれば葦舟に乗せて流されたヒルコが、流れ流れて南海の竜宮の王となったということは考えられなくもない。海が地球上の全生命の母胎であることを考えればヒルコこそ地球の全生命の親ということになろう。おそらく、この流された神こそ、イザナミが自分の母胎である海にもどした子であろう。したがってヒルコは竜宮の王として君臨できたのではあるまいか。その子孫の竜宮の王女「乙姫」（豊玉姫）もまた、イザナミの分身、分霊ということになる。

さて、乙姫と結婚したヒコホホデミは、竜王のもつ制海権を背景として、神皇となった。竜宮は、地上の支配者として火照命《ホテリ》よりも火遠理命《ホオリ》を適格と判断したのである。

だが、この火遠理命《ホオリ》ことヒコホホデミと、その后《きさき》の豊玉姫《トヨタマ》（乙姫）の幸福の日々は永くなかった。豊玉姫は皇子出産時に受けた恥辱のため、富士高天原を去った。まもなく西・南日本に大規模の内乱が起こった。加えて前代ニニギ朝を不幸のドン底におとし入れた大陸からの侵略――第二次侵寇がはじまったからである。

宮下文書は、その危急のときに、神皇の退位が行われ、また軍事的危機に早急に対応するため、神都の富士高天原より九州の高千穂への移転を記している。

第二次侵寇は、富士高天原政権が、前代の第一次侵寇によって蒙ったダメージ、また第三代神皇決定までの内乱、さらに西・南日本に起こった叛乱によるダメージから、まだ十分に回復しきれない時点で起こった。

ヒコホホデミ神皇への退位要求は、決戦（防衛）体制確立のためとなっているが、これはいささかオカシイ。おそらく竜宮の支援を失ったため制海権を奪われて九州から西日本を席巻され、侵寇軍の樹立した傀儡《かいらい》政権によって政権移譲を要求されたというのが真相ではなかったか。そうすればはじめてウガヤフキアエズ朝の成立も、神都の九州移転もスッキリする。

そして退位したヒコホホデミは、富士山麓の小室《こむろ》の家基都《かきつ》の宮にとどまり、まもなく神避《みまか》ったと文書は伝えている。この不運な神皇の晩年の胸に去来したのは、若き日の竜宮での乙姫との楽しい思い出だったのではあるまいか。

高千穂王朝と富士王朝の対立

天照大御神《アマテラス》を初代神皇に開幕した豊阿始原世《トヨアシハラ》は「五代」というが、実質的にはわずか四代で終った。四代神皇退位後、即位した五代神皇がそのままフキアエズ朝初代人皇にスライドしたからである。

このフキアエズ朝を開いた人皇は、四代神皇ヒコホホデミの第一皇子阿祖男命《アソオ》と宮下文書は伝えている。文書によれば、阿祖男命は、四代神后豊玉姫（乙姫）の姪《めい》を皇后に立て、神都を附地見島（九州）に移し、なお四代ヒコホホデミと神皇位を争って敗れて逼塞《ひっそく》していた火照命《ホテリ》（海幸）を西征将軍に登用、侵寇軍にあたらせた。戦闘は苦戦だったが、結局、侵寇軍を撃退したという。

そして阿祖男命（フキアエズ朝初代）は、正式に都を切枝間《キリシマ》（霧島）山麓に定め、その山に富士山の別称である「日向高千火《ヒムカノタカチホ》」の名をとって「高千穂峯」と命名した。以後、旧都の富士高天原を「天都」とし、この新しい都を「神都」と称することとした。

この阿祖男命は、ウガヤフキアエズノミコトと諱《いみな》を贈られたが、以後代々神皇はこの諱を世襲することとなった。つまり高千穂王朝ことウガヤフキアエズ王朝の成立である。

この阿祖男命即位のいきさつ（ヒコホホデミへの退位要求）や神都の移転（富士山麓から霧島山麓への遷都）、あるいはヒコホホデミと皇位を争った火照命《ホテリ》の復活（四方諸万国の惣軍司令神としての再帰）、そして王朝名の変更（豊阿始原世の終焉とウガヤ朝の発足）……と眺めてゆけば、このウガヤ朝はトヨアシハラ朝の継続というよりは、むしろ新王朝の開幕、つまり革命政権の成立と考えたほうがよい。

だが、この新政権は、いわゆる革命政権というよりは、大陸から侵寇（渡来）した集団が樹立した征服王朝であるという公算が強い。なぜなら、前代ニニギ神皇のときでさえ、この侵寇軍に対してあのような苦戦をしたのである（前節参照）。さらに悪条件下のヒコホホデミ神皇が、この第二次侵寇に対して、より以上の苦戦を強《し》いられたであろうことはまちがいない。第一次侵寇のさいのダメージ、即位競合のさいの内戦によるダメージで、さらにヒコホホデミ即位をバックアップしてくれた竜宮勢力がすでに頼みにできない状況（同盟決裂）にあった（豊玉姫神后との離婚）。しかも自分のライバルだった火照命《ホテリ》の政治面への再登場《カムバック》の動き……。

このようにヒコホホデミをめぐる悪条件を数えあげれば、富士高天原はとても勝てる、いや戦える態勢にあったなどとは考えられない。そこで、防衛軍のあっけない敗北、退位、神都移転、軍政施行、新政権樹立……古代中国の王朝交替（易姓革命）のパターンに似た状況がこの日本列島に起こったと見てよいのではあるまいか。

では、この新王朝――フキアエズ朝を開いた阿祖男命とはいったい何者か？　文書にはヒコホホデミの一子とあるが、それは後世の作為であろう。少なくとも実子ではない。おそらく革命政権の正統性をアピールするために養子になるという形式をとったのかもしれない。そして肝心のその出自は、やはり「西北の大陸」であろう。つまりアマテラスとは別系のスサノオ系の出自であろうか（スサノオの出自についての高皇産霊《タカミムスビ》神の曽孫説と新羅《シラギ》の多加《タカ》王説を参照のこと）。いずれにしてもこのタカチホ王朝であるウガヤ朝は、トヨアシハラ朝とは別系の王朝だったということだけはまず確実と見てよい。

初代ウガヤ神皇は、地方行政制度を抜本的に改め、また文字、数字を新たに制定するなど、いかにも新王朝の創始者らしく新施策を次々に打ち出していく。そしてヒコホホデミの宿年のライバルであるホテリノミコトを四方諸万国の惣軍司令神に任命したことについては、すでに述べたとおりであるが、これは旧軍内に残るヒコホホデミ色を一掃する狙いであった。したがって用済み後のホテリノミコトを待っていた運命は屈辱的なものであった。ホテリノミコト自身の諱《いみな》「隼彦命《ハヤヒコ》」が示唆するように、彼は子孫の代にいたるまで「隼人《ハヤト》」として王朝の奴隷的身分に落とされたのである。

一方、退位したヒコホホデミは、講和条件では、神都ならぬ天都の富士高天原で祖先の諸神の祭祀に奉仕するということになり、また、皇位継承のさいは、この祭司長の認証を得るということになっていたが、それも次第に名目的なものとなり、この富士高天原と高千穂高天原との対立は、次第に深まっていく。

ウガヤ朝は大陸漂泊王朝

宮下文書では、ウガヤ朝が五十一代続いたと記している。だが、神后摂政が二十二代を数えているから計七十三代ということになる。ちなみに他の古史古伝、たとえば竹内文書や九鬼文書、上記《ウエツフミ》などはすべてウガヤ朝七十三代をとっている。

また、ウガヤ朝の期間（年数）は、宮下文書では二七五〇年、九鬼文書では一二〇〇余年、上記では十五代分欠文であるから不明、竹内文書ではウガヤ初代天皇の寿命が二八〇〇万年！であるから、一応現実的なものとは見做されない。そのため熱心な竹内文書研究者の林信二郎は、ウガヤ朝時代に記されている彗星の落下など天文現象、地震などの地学現象などから八二七七年と訂正した。

だが、かりに一朝（一代の神皇の在位期間）を二〇年にしたところで、一〇〇〇年以上の期間となる。というのは平安時代の二・五倍以上、江戸時代の四倍以上にあたる長期政権だ。これだけ長い期間なら文化も相当進んだものと見なければならない。だが、宮下文書で見られるかぎり、前代（ヒコホホデミ）と次代（カンヤマトイワレヒコ）とのあいだの生産ないし文化的な落差はほとんど見受けられないのである。

これはいったいどうしたことか。ウガヤ朝は文化的、生産的にはゼロの期間だったというのか。ウガヤ朝七十三代説を唱える古史古伝には、もちろん、各代における治績らしきことは記されている。だが、農業にしても、鉱業（金属精錬）にしても、織物にしても、ウガヤ朝以前からあった文化であり技術である。とすれば、ウガヤ朝一二〇〇年としても、その間に何もめぼしい文化的、生産的な発達はなかったということになる。

また、いかに古史古伝の信奉者でも、考古学的物証を無視することは許されない。もう一つ、外国の同時代史料との比較考証も不可欠である。とすれば三世紀の邪馬臺国（卑弥呼女王の時代）より、少なくとも一二〇〇年以前の時点で、日本列島にウガヤ朝の文化にうかがえるような金属精錬の技術が存在していたか、ということになるといささか問題である。かりに縄文製鉄が承認されたとしても（その証拠はあるが）、時代的には縄文晩期のことだ。せいぜい紀元前四～五世紀である。

とすれば、ウガヤ朝七十三代なるものは、存在しなかったということになる。つまり古事記や日本書紀の記述のように、存在したとしても一代かぎりのものだったのだろうか？

だが、それにしても宮下文書のウガヤ朝史は、実に克明にこの六〇代の治績について記している。全然仮空のものとは思えないほどしっかりしている点において、上記《ウエツフミ》の場合と同じである。つまり無から有を生ぜしめたものとは思えないのだ。この点からこれまでの研究者の態度は二つに分かれる。

一つは、ウガヤ期はあくまで五十一代ないし七十三代にわたって存在した。それが、古事記や日本書紀など編修のさい、ある事情から一代かぎりのものとされた。つまり歴史は変造されたと見る立場である。

もう一つはウガヤ朝は存在したとしても、それはあくまでも一代かぎりのものであった。その証拠に七十三代の天皇なり神皇の名を見ればよい。竹内文書の場合はウガヤ朝第N代彦《ヒコ》天皇としているし、九鬼文書、上記の場合も同じ呼称法をとっている。ひとり宮下文書だけがその五十一代の神皇と二十二代の神后（摂政）の名を記しているにすぎない。だが、それぞれの名にはだいぶ無理があるようだ。つまり、トヨアシハラの世や、タカマガハラの世など上代はもとより、神武期の諸天皇の名にくらべていささか格が落ちる。いいかえれば神皇らしくないのである。したがって後世の作為ではないかという推測さえうむ。

この二つの立場なり見解は、一見相反するかに見える。だが、私はこの矛盾を止揚する第三の立場が可能だと考えている。それは、このウガヤ王朝を日本列島以外の地で、成立し、展開してきた王朝だと見ることとである。

この立場について、私はこれまでスサノオの場合や、ニニギ期における外寇の場合に示唆してきたつもりである。つまり、ウガヤ朝は大部分、大陸で漂泊の生活を過ごしてきた王朝だと私は『謎の九鬼文書』で推定したが、まさにそのとおりで、この王朝はもともと西アジアの高天原系の人々の王朝であり、それは宮下文書からすれば、蓬莱国発見の先発隊だった国常立《クニトコタチ》尊（農立比古）の大陸残留部隊だったかもしれないし、また、国常立尊に次いで国《クニ》狭槌《サヅチ》尊（農佐比古）が出発したさい、あとに残った神々が、西アジアの高天原喪失後、国常立、国狭槌のあとを追って東行した、その子孫ではないかということである。

ヒコホホデミ退位の真相

ウガヤ朝は大陸漂泊の王朝だったとすれば、彼らは戦闘や謀略に熟練した集団だったということがまず考えられる。そしてユーラシア大陸を横断して、朝鮮半島から日本列島に乗り込もうと考えたのであろう。もとは、といえば自分たちと同族である。なにも遠慮することはないと考えたにちがいない。むしろ、自分たちこそ、日本列島――蓬萊国を支配するのに、よりふさわしい存在と考えていたのではあるまいか。アマテラス時代の高天原に少数の兵力で乗り込んできて、自分の正統性をアピールしたスサノオの挫折を知っている彼らは、直接、大々的な武力を行使してその主張を貫徹しようとしたのであろう。それがニニギ時代の第一次外寇であった。結果は失敗に終ったが、トヨアシハラの世を根底からゆり動かした。それが、ヒコホホデミ時代の第二次外寇の成功につながったわけである。

この第二次外寇の指揮者である阿曽男命はそれこそ武勇だけでなく知略にもたけていた英雄であったと思われる。彼は、ついにヒコホホデミを退位させ、代って人皇位につくことに成功した。そして新たにウガヤ王朝を樹立したわけだが、彼の王朝は日本列島を以後五十一〜七十三代にわたって支配したわけではない。

つまり、彼を除く残りの五十ないし七十二代は、彼の子孫ではなくて、彼の祖先であったのだ。彼が、富士山麓の旧神都からではなく霧島山麓の新神都から支配していたというのは、おそらく日本列島の先住民に対して、自分たちが絶対的にまで少数派であること、また対外関係の利便を考慮してからのことであろう。

対外関係といえば、彼は竜宮系の女性（ヒコホホデミと離婚したトヨタマ姫の姪《めい》のタマヨリ姫）と結婚している。これは、彼の政権奪取戦で、竜宮の戦力をバックにおいた、あるいは同盟軍としていたことを物語る。

では、この竜宮とはいったいどこか？　ということになる。

記紀神話（山幸、海幸）から推定するかぎり、東南アジア方面ということになる。つまり、海の民――ワダツミ族の故国と考えられるし、また邪馬臺国の倭人の原郷でもあろう。あるいは、海のシルクロードを経てきた国《クニ》狭《サ》槌《ヅチ》尊の中継基地だったと考えてもよい。したがって、竜宮は富士高天原王朝とは切っても切れない関係にあったのである。しかもヒコホホデミの即位問題では決定的な役割を果たした。また、ウガヤ王朝成立のさいも最強の同盟者だった。

とすれば、霧島山麓の高千穂王朝は、竜宮のダミー政権だった可能性さえある。おそらく三世紀の卑弥呼は、このトヨタマ姫（乙姫）の後裔だったのではあるまいか。

この竜宮の存在を想定すると、はじめて古史古伝的古代史と、倭人伝的古代史とがリンクする。すなわち竜宮勢力が北上して倭国を形成したわけである。したがって神代の豊玉姫こと乙姫さまは、三世紀の卑弥呼女王の祖霊ということになろう。

ウガヤ朝にもどる。ウガヤ朝は、七十三代続いたというのは大陸時代を計算に入れてのことである。九州の高千穂王朝としては、せいぜい一代かぎり。あとは「倭国の大乱」になり、卑弥呼の女王「共立」となる。つまりウガヤ系の男王では治まらなくなったわけだ。したがって、次の神倭《カンヤマト》朝ないし神武朝は、ウガヤ朝と直結するものではない。ではウガヤ朝のあとを嗣ぎ、神倭朝の最初の天皇と称せられている神武天皇ことカンヤマトイワレヒコノミコトは、いかなる人物であろうか。

この神武天皇と称された人物と、邪馬臺国とのつながりについて、いわゆる歴史学者の多数派は、神武天皇を仮空の存在とすることにおいて、厄介払いをしているように見受けられる。せいぜい、より後代の崇神天皇なり応神天皇を、いわゆる神武的存在と見做すのがせいぜい一杯というところらしい。

その点、神武を九州の片田舎の野心にみちた豪族出身の青年であり、志を伸ばすには、九州では不可能（倭国があったから）と見て東遷したとする古田武彦氏の説は、はるかにマシである。古田氏の「多元的古代の成立」の仮説は中国史書と邪馬壱国（九州王朝）と畿内の神武王朝とを、あるいは日本書紀とを、いかにして一元的にとらえようかとしているアカデミズムに対して大きな衝撃を与えるものであるが、私には氏の論理はまだ不十分なような気がする。

多元的古代の成立

卑弥呼死し台与《トヨ》が共立された。豊玉姫の後裔であろう。邪馬臺国がその幼くして共立された女王の死後どうなったのか、中国側の記録も沈黙している。いわゆる「謎の四世紀」である。だが、古田武彦氏のいう「九州王朝」が日本列島を代表していたにちがいない。

その倭国——九州王朝の倭王は中国に遣使したわけだが、その頃はすでにかつての高千穂王朝の所在地であった霧島山麓一帯は、文化的に遅れてしまっていたのだろう。中心勢力の邪馬臺国は九州南部から北遷していた。だが、その地に一人の独立不羈《ふき》な青年豪族がいた。

彼は自分の志を伸ばすに九州の天地がふさわしくないことを知り、抵抗力の小さい東方をめざし遠征、新国家を形成しようと考えたのであろう。彼は、自分よりも名門フキアエズ朝の三人の皇子をうまくたきつけ、彼らの声望を利用して東遷部隊を編成、故郷日向《ひうが》を出発した。

古事記によれば彼はまず五瀬命《イツセ》（同母兄とされている）に「どこの地におれば天下の政治を

とれるだろうか。東に参りましょう」といい、日向から乗船、豊《とよ》の国の宇佐《うさ》に到った。その地で歓待され一年間居候をきめ、次は瀬戸内海の阿岐《あき》（安芸）の国に寄り、そこに七年、それから吉備《きび》の国に進み八年間それぞれ滞在、亀に乗った水先案内を見つけ速吸門《ハヤスイノト》を突破して浪速《なみはや》の渡りを経て「青雲の白肩津」に停泊した。そして上陸、登美毘古《トミヒコ》こと長髄彦《ナガスネヒコ》と対決することとなる。

その後の経過は記紀の叙述どおりかどうかはともかく、結果的にはナガスネヒコ軍は敗れ、壊走した。そして神武の即位ということになるのだが、神武が即位できたのは、いわゆる皇兄の五瀬命の戦傷死、やはり皇兄にあたる稲飯命《イナヒノミコト》、三毛入野命《ミケイリノ》もそれぞれ水死したからである。つまり熊野近海での海戦で、乗船が沈んだということか。

ともあれ、三人の皇兄の死によって、神武が名実ともに最高指揮官となり、やがて即位――神倭朝の始祖となるわけである。

ここで、九州王朝と併立する畿内王朝の出現となり、いわゆる「多元的古代」の成立を見たことになる。だが、率直にいって、これは多元的ではなく二元的でしかないのではあるまいか。複数の意味での「多」という表現をとるなら、せめて三元的ないしそれ以上の存在を考えて欲しいものである。

にもかかわらず、古田氏には二元的以上の発想はなかった。あるいは「関東に大王あり」で、関東王朝？　の存在をも暗黙裡に含めていたのかもしれない。だが、彼には東北王朝（東日流《ツガル》外三郡誌《ソトサングンシ》の主人公としての荒吐《アラバキ》国家）までをも含めて考察する勇気がなかったのだろうか。

　この関東の大王、または荒吐の盟主を含めるとき、はじめて、氏のいう「多元的古代」も成立するのではないかというのが私の、いわば古田史学への期待である。

　さて、宮下文書にもどろう。文書では、神武天皇をウガヤ朝の正統な後継者として位置づけている。だが、神武天皇こと日高佐野尊《ヒダカサヌノミコト》が、大和の橿原《かしわら》で即位するさい、その諱《いみな》を「波限建神《ナギサタテカン》日本磐余彦火火出見尊《ヤマトイワレヒコホホデミ》」と改めたとある。つまりヒコホホデミの名をつけることによって、彼はウガヤ朝よりも、より正統な日本列島の支配者であることを誇示したかったのかもしれない。つまりウガヤ系の三人の皇兄が次々に死亡したあと、即位したということから、ウガヤ系の諱《いみな》よりも、より正統なものと思われたトヨアシハラの世の最後の神皇の名を選んだ政治的センスは抜群である。

　また、彼は自分の母を、竜宮系の玉依姫《タマヨリ》（海部姫命の三女、ただし日本書紀では「海《わたつみ》の少女《おとめ》なり」とある）としている。これも、東遷のさい、水軍の支持を得るためにも好都合であったはずである。だが彼は、大和を制すると同時に、九州に残していた隼人《ハヤト》系の吾平津媛《アヒラツヒメ》をあっさり捨て去り、タタラ系の媛蹈鞴五十鈴毘女《ヒメタタライスズヒメ》と結婚している。彼は、その支持母体を海人族から山人族に切り換えようとしたのであろう。

だとすれば、神武天皇の死後、彼の政略結婚の後遺症としての皇位継承の争いが起こったのも当然かもしれない。九州時代の后から生まれた手研耳《タギシミミ》皇子と、大和時代の后から生まれた神《カミ》渟名川《ヌナカワ》皇子とが争い、結果的には後者が勝利し、第二代綏靖《スイゼイ》天皇として即位したが、その間四年近い空位時代が生じた。『東日流外三郡誌』では、この空位期間を、自分たちの反撃の結果と記しているが、宮下文書でも、国賊の残党が「東北」の国を根拠地として反乱を起こしたと述べている。まさに、古代は「多元的」であったのである。

Ⅲ章　宮下文書の時・空間

はるかなり「妣の国」

私は、宮下文書に登場する多くの神々のなかで、火神系の「天之世」神々をのぞけば、おそらくもっとも原初的な神はイザナミノミコトだと思っている。「天之世七代」「天之御中世十五代」の後の「高天原世七代」の最終神皇イザナギノミコトの神后とされているこのイザナミが、「幽の幽なる神」でなく「幽の顕なる神」のなかで最古の神であるということに異論を抱かれる人々もいるだろう。

だが、この「大地」というよりは「地球」の母なる神、万物の生命の源泉たる神についての人間の記憶は、旧石器時代後期にまでさかのぼるのだ。それだけに、この最古の神イザナミのルーツをさぐることによって、私たち日本人の原郷をつきとめることができるのではないかというのが私の考えである。

古事記や日本書紀の神代の巻を読んだ人なら「海原《ウナバラ》を治《シ》らせ」と父神イザナギに申し渡されたスサノオが、その「海原」への赴任をしぶってダダをこね、自分は「妣《ハハ》の国」（根《ネ》の堅州国《カタスクニ》）に行きたいといって哭《な》きわめき、イザナギの怒りを買ったことをご存知だろう。

このスサノオのいう「妣《ハハ》の国」とは、文脈からいえば、母イザナミのいる国であり、さらにイザナミが死んでいることから、それは死者の国である黄泉《ヨミ》の国かとも思える。だが死者は故郷に還るという古代人的センスからすれば、そこはやはりイザナミの故国であると解するのが正しいのではないか。

では、このイザナミの故郷とはどこだろうか？

生の営みの神秘的な力の象徴としてのこの神は、五万年以上ものむかしからユーラシア大陸の各地で崇拝されていた。ユーラシア大陸の旧石器時代後期の遺跡から、しばしば出土する「ヴィーナス」がこの神への信仰の拡がりと古さとを物語っている。

この神は、新石器時代に入ると、農耕文明の開始とともに豊饒の女神として大地の生産力を象徴する「地母神《ちぼしん》」となった。そしてオリエントから地中海沿岸、インドなどに拡まり、さらにはるか南太平洋の島々にもこの神の足跡を見出せるまでになる。

この神は、時代と地域とによって、人々からさまざまな名称でよばれてきた。

バビロニアやアッシリアではイシュタル、あるいはアスターテとよばれ、ヒッタイトではハッティ、エジプトではトート、古代ギリシアではデメテルとよばれていた。インドではアディティ、中国では女媧氏、そして日本列島ではイザナミという名でよばれ、いずれの場合でも豊饒の源泉、生命の母として厚く信仰されていたのである。

同一の神が、つまり、もともと一つだった神格がこのように多くの名でよばれることを、かつてドイツの神話学者であり心理学者だったマックス・ミューラーは、ポリオニミーとよんだことがあった。スイスの分析的心理学者のカール・グスターフ・ユングは、元型（古態型）モデルでもって、このポリオニミーを説明する。

さて、イザナミにもどろう。彼女の故郷はかくしてユーラシア大陸の内部であることだけは、まずはっきりした。

次に、この「ユーラシア大陸の内部」とは具体的にどの地域をさすのか、ということになる。それは、一部の日本の神話学者がいうように「根の堅州国＝朝鮮説」などで処理しきれるものではない。

たしかにイザナミはイザナギのもとを離れて、妣ノ国にいった、もどったとすれば、それが朝鮮半島経由であったと考えることもできるだろう。しかも古事記や日本書紀だけでなく、この宮下文書でさえも「妣の国」を慕ったスサノオの出自を朝鮮半島であるかの如く示唆しているのだから。

だが、宮下文書ではスサノオの前身である多加王が、朝鮮半島よりさらに西北の大陸部を支配していたと記している。つまり、スサノオのユーラシア大陸経綸《けいりん》説が示唆的に述べられていることからすれば、九鬼文書の伝承と併せて、イザナギのもとを去る段階で、スサノオは妣の国の所在を知っていたと見てよいのではあるまいか。そして、その所在地こそ、おそらく人類文化の発祥の地西アジアの「エデン」の地である。あるいは地球最大の大陸――ユーラシア中央部の西にある阿間都州《アマツクニ》と見てよいだろう。

高天原はどこにあったか？

古事記や日本書紀の神話の舞台である「高天原《タカマガハラ》」を、実在の地と見るか、信仰的な仮空の空間（天上その他）と見るかについて、むかしから多くの人々によって論じられてきた。

また、実在の地と見る場合でも、日本国内と見るか、国外と見るかについても多くの論議が重ねられてきた。国内説では、宮下文書の「富士」山麓説や「高千穂」山麓説、あるいは秀真伝の「蔵王」高天原説などとは別に、畿内説、近江説、九州説、常陸説などがある。この問題は、いわゆる研究者だけでなく、一般の人々をも巻き込んだ点において、戦後の邪馬臺国所在論争に匹敵するといっても過言ではない。

宮下文書によれば、私たちの祖先の神々は、この日本列島に自生したものではなく、渡来してきたことがはっきりしている。したがって神々の原郷としての高天原は、国外にあったということになる（私のいう「西の高天原」）。

また、記紀神話でも、いわゆる天孫降臨神話が示唆するように、神々は高天原から、この日本列島に降臨したことになっている。ただ、その「降臨」という表現から、高天原天上説が生まれたのだろうが、あるいは、皇祖が渡来系であることを匿《かく》すためと同時に、その神聖化のための作為的なものだったと解したほうが分かり易い。

だが、民衆の本能はその天上説など問題にしなかった。彼らはひたむきに「地上の高天原」を求めた。彼らの一部は、国内に求めようとしたが、大部分の関心は国外にあった。

それは、民族の帰巣本能とでもいうべきものだったかもしれない。明治後期から大正、昭和初期にかけて、民衆的発想の自由がそれでも比較的自由に認められるようになったころ、木村鷹太郎の「日本人ギリシア・ラテン起源説」とか、小谷部全一郎の「日本民族へブライ神族説」あるいは三島敦雄の「天孫バビロニア起源説」さらには石川三四郎の「日本人ヒッタイト説」徳政金吾の「日本人エジプト起源説」などが続々と出てきて、民衆の渇望に応えた。

なお、これらの研究者の比定した高天原の所在は次のとおりである。

木村鷹太郎　アルメニア高原
小谷部全一郎　小アジア
三島　敦雄　アルメニア高原
石川三四郎　パミール高原とイラン高原（二カ所）
徳政　金吾　ナイル河畔のテーベ

これらの比定は、すべて中央アジアから西である。これらのなかには、元禄時代に来日したドイツの博物学者ケンペル（オランダ人医師として来日）の『日本誌』で述べた高天原＝バビロニア説や、幕末に来日したシーボルトの日本人バビロニア起源説、さらには明治初年に来日したイギリス人貿易商マックレオドの日本人ユダヤ人説に触発されたものもあるだろう。だが、これらの人々の著書が多くの読者を得たことは事実である（たとえば石川三四郎の『古事記神話の新研究』は初版が大正十年、そして昭和八年の改訂増補版まで十一版に達していた）。

これらの著者は、木村鷹太郎はじめ、いずれも学界から「慢罵冷嘲」されてきた。にもかかわらず多くの読者を引きつけたのはなぜか。それは、内容的に民衆の高天原に対する潜在意識、つまり民族的な集団無意識に訴えかけるものがあったからである。

さて、宮下文書にもどろう。岩間尹は、天之御中世まで神々がいた地域、つまり高天原を中央アジアのアムダリア、シルダリア両河（ともにアラル海に注ぐ）の上流の流域に比定したことについてはすでに述べたとおりである。

世界地図を見れば分かるとおり、この地は石川三四郎が最初の高天原と比定したパミール高原である。私は、その比定はだいたいにおいて正しいと考えた。つまり、かつて『民族日本歴史』で、この高天原の所在地を、記紀を分析して「朝鮮半島の北部、もしくはそれと境を接する東北満州、あるいはロマノフ・ロシアが清《しん》朝の外患に乗じて強奪した東部シベリアの一地点」と見做した白柳秀湖のあげた「高天原を想定する七項の地理的条件」を、この岩間の宮下文書研究による比定地はほぼ満足させているからである。

参考までに、この「七項の地理的条件」をかかげておく。

(1)高天原から日向国《ヒウガ》に徒遷するには海を渡らなければならない（つまり海外）。

(2)高天原は荒涼とした大平原の一部で、気候寒冷、地味がやせていた（ゆえに温暖な豊葦原瑞穂国に憧れた）。

(3)高天原は稲の原産地ではなかったが、どうにか栽培、育成はできた（保食神《ウケモチ》から稲種を入手して試作した天熊大人《アメノクマウシ》の説話）。

(4)高天原には灌漑《かんがい》に便利な河川がいく筋かあった（天安河《アメノヤスノカワ》他）。

(5)高天原と葦原中国《アシハラノナカツクニ》とのあいだには使節往来の使があった（天孫降臨前、双方にいくどかの交渉があった）。

(6)高天原には寒、極帯系の「常闇《トコヤミ》伝説」があった（北極帯またはそれ近くの地域を漂泊した経験、記憶があったことになる）。

(7)高天原には鹿が多くいた（卜占のさいに使用）。

白柳秀湖は以上の七点から、高天原を狭義と広義とに分け、前者を朝鮮半島北部から東北満州の地、そして後者を北西アジアの高原（東部シベリア）に比定したわけである。

だが、ふしぎにその七項目が宮下文書の岩間尹の解釈と一致する（ということは石川三四郎の説とも一致する）。なお、白柳は(5)で、高天原と葦原中国とのあいだの距離について、「短時日間に使節往来の使」があるとしているが、天孫降臨前のイキサツから見れば、使者の天菩比《アメノホヒ》神は三年たっても復奏しなかったし、次に派遣された天若日子《アメワカヒコ》にいたっては八年たっても音沙汰がなかった。つまり、どう見ても「短時日」に「往来の使」があったとはいえない。

とすると、高天原は東部シベリアよりも、より遠くの西アジア方面と見てよいのではないか。

だが、西アジア説に難点がないわけではない。それは稲の栽培の件である。これが稲でなく小麦であったら文句なし！　ということになろうが。

でも、である。これは、あくまで古事記や日本書紀の伝承にもとづく、つまり稲作移入後にまとめられた伝承を基準とした場合の難点である。

したがって、白柳秀湖モデルの(3)と(4)、つまり稲作関係の条件は、それほど厳密に考えなくてもよいのではあるまいか。

なお、石川三四郎は、パミール高原以外にもイラン高原を高天原と比定していたが、これはチグリス、ユーフラティス河の上流地域である。また、木村、三島説のアルメニアは、旧ソ連邦の構成国の一つであるアルメニア共和国で、イランとトルコに接する。もともと小アジアとカスピ海とのあいだの高原地帯である。したがって、これは小谷部説とほぼ重なると見てよい。

これらの比定地はいずれも魅力的ではあるが、白柳のあげた条件の(2)、(6)に抵触するのが残念でもある。

〔以上述べてきた「高天原」は、あくまでも「西の高天原」であって、阿間都州《アマックニ》のことである。したがって宮下文書のいうアマテラスが支配した「高天原」とは別である。〕

砂漠と草原と海

先発の農立比古こと国常立尊《クニトコタチ》のたどったコースは、おそらく砂漠と草原――シルクロードのオアシス・ルートなり草原《ステップ》ルートであったろう。

だが一行は、ヘロドトス以降のいわゆるアジア（極東）への道を、まともに進んだとは考えられない。なぜなら、交易ルートを正直にたどったなら、必ずその足跡がどこかのオアシスに残っているはずだからである。また、それらのオアシスを支配している在地権力（部族）と衝突する危険性も多い。彼らはできるだけそうした武力衝突を避け（集団の人的消耗を避けるため）、当初の目的地――蓬莱国にたどりつくという使命があった。

彼らは一族から選び抜かれた勇敢な戦士たちであった。だが流砂や氷河や大草原の蜃気楼《しんきろう》、さては千古の斧を知らない針葉樹林《タイガ》や未踏の山脈、それに豹や虎や熊、狼などの野獣の襲撃に悩まされ、一人、二人と欠けていったことであろう。また、異邦の人を無条件に敵視する部族に襲われて生命を落した若者も少なくあるまい。さらに、その長い旅、漂泊に疲れ、オアシスに歓待にさそわれ、集団から脱落して客神としてその地にとどまった人々もいたろう。

一年、二年、そして五年、十年と彼らは漂泊の旅を続けた。その間に集団はいくどか分散した。それは数の圧倒的に多い攻撃的部族と戦わねばならない状況に追い込まれ、しかも敗れたとき、一族の全滅をさけるために分散して逃走したからである。その分散組のなかには全滅ないし捕虜となった小集団も出たにちがいない。また血路を開いて本隊と運よく合同できた小集団もあったろう。さらには本隊を見失い、自分たちより文化的により劣った弱少の部族の仲間に入り、その集団を支配した小集団もあったかもしれない。

そしていく年かたち、彼らは大陸の東端、朝鮮半島にたどりつく。そして、いよいよ海峡を渡るわけだが、入手し得る船の数から、相当部分をその地に残留させたわけである。その残置集団は、蓬萊山発見のニュースを待ちつついく年か過ごしたわけだが、その間、彼らは現地の人々とともに北上して新天地を斬り従えたということは十分にあり得る。そして残留集団の長が王位につき、やがてその子孫（多加王）が豊阿始原《トヨアシハラ》朝に対して、自分たちこそ天之御中主朝の正統なる継承者であることを主張したとしても不思議はない（Ⅱ章参照）。

一方、この農立比古（クニトコタチ）の消息をまちつつ、空しく十年経過、ついに農佐比古とともに東に向かった第十五代神皇の一行は、陸路によらず海路をとった。

彼らはアラビア海から船団を組み、季節風《モンスーン》と海流の助けを得て東航した。海のシルクロードとよばれる航路をたどり、マラッカ海峡を突破、極東エーゲ海とよばれる東南アジアの島々に着いたが、船団の一部は暴風雨のなかで本隊と離れ離れとなり、黒潮（日本海流）にのれず、赤道反流にのり、南太平洋の島々にたどりついたケースもあったろう。

だが、船団の主力は、インドシナ半島から中国大陸沿岸を経て、黒潮の分流である対馬海流にのって日本海沿岸に到着したわけである。

その間《かん》、彼らは南方系の海人族と接触し、蓬萊山のある島の所在についての情報を得たにちがいない。ヒコホホデミ（豊阿始原世《トヨアシハラノヨ》四代神皇）と竜宮の乙姫さまこと豊玉姫とのロマンスの下地《したじ》はおそらくこのころにまでさかのぼるのではないか。

竜宮の王とは、おそらく東アジア海域（赤道以北の日本列島を含む島々）に勢力を占めていた「常世《トコヨ》」系の人々（わだつみ族）の族長であり、その本拠はマライ半島付近にあり、その支配は琉球付近にまで及んでいたのではないか。

さて、この国狭槌尊《クニサヅチ》の一行は、比較的順調に航海を終えて、無事日本列島に到着したようである。先発集団との十年に及ぶ時間的なハンディを克服し、より早く蓬莱山を発見できたのも、海路をとったことと、水先案内役《パイロット》をつとめたわだつみ族の力によるところが大きかったはずだ。

一方、クニトコタチは瀬戸内海までどうにか入れたものの、蓬莱山を見出すまでにはだいぶ時間が経過している。つまりクニサヅチと同行した十五代神皇農作比古（高皇産霊神《タカミムスビ》）は、到着五年後に死亡したが、クニトコタチは、その死に目に間に合わなかったくらいである。

契丹秘史がウガヤ朝を解くカギ

ウガヤ王朝を日本列島以外の地――といってもユーラシア大陸内部――の王朝だったと私が見るのは次のような理由からである。

(1)金属精錬のノウハウをもち、しかも完熟したといってもよい農業社会を成立させていたウガヤ朝が、日本列島に五十一代ないし七十三代存在していたということは、弥生時代を不当に前後に延長するか、あるいは神倭朝の上限を不当に押し下げることなしには不可能である。だが、それは考古学的に見てまず無理といってよい。

(2)次に、代数（五十一代人皇、二十二代皇后摂政）はともかく、それぞれの神皇や皇后の名称がどう見ても不自然、つまり後世の加筆ないし創作くさいことも否定できない。つまり、ウガヤ朝以前のトヨアシハラの世、アメノミナカの世、さらにはアメの世といった、はるか過去の神皇や神后の名がきちんと記憶されているだけでなく、それぞれの名がウガヤ朝の場合にくらべ、はるかに納得《なっとく》？がゆくこと。ちなみに他の古史古伝ではただ第○代彦天皇というように、天皇（人皇）の名としては、はるかに不自然なものとなっている。

(3)宮下文書以外の、やはりウガヤ朝の存在を伝える竹内文書、九鬼文書などをよく読めば、この王朝が外地王朝であったことが濃厚に示唆されていること。

だいたい以上であるが、問題が一つだけ残る。それは、大陸内部にこのような数十代にわたって継続した王朝があったとするなら、東洋史に何らかの形でその存在を示す痕跡が残っていても不思議はない、にもかかわらず見当らないのはどういうわけか、という疑問である。

この疑問に対して、私はかつてウガヤ朝が大陸を彷徨《さまよ》っていた王朝であり、それは殷、周、戦国時代にわたる期間にあたっているだけに、中国の王朝中心史にはもれていたのではないかと考えてみた。

たしかに、中国史は中華思想成立後の所産であって、少数民族の興亡などはあまり採りあげていない（自分たちの歴史に大きく関連のある場合を除く）。したがって、いわば塞外の夷狄の地を彷徨する少数民族の集団（ウガヤ朝）などはその視野に入らなかったか、入っても省かれたものと思われる。

あるいは、西域史の研究がより進めば、その証拠が見出せるかもしれない。それとも、まだ実態のはっきりしないツングース系諸民族の研究の進捗によって解明される可能性の方が高い。

私は、このウガヤ朝の謎を解く鍵の一つとして「契丹秘史」をあげたい。

「契丹秘史」とは、明治三十八（一九〇五）年、日露戦争に主計士官として従軍した浜名《はまな》寛祐《ひろすけ》が奉天（瀋陽）のラマ寺で発見したという古文書である。内容は神話篇二十章、歴史篇二十章、古頌など六章、計四十六章、全文約三五〇〇字の巻物である。文字は漢字であるが、それは万葉がなのように、契丹文を漢字で表記する方式のものである。

浜名は二十年にわたってそれを解読し、大正十五（一九二六）年『日韓正宗遡源《にっかんせいそうさくげん》』というタイトルで出版した。つまり、その古文書には、日本と朝鮮の王家の出自が記されていると彼に思われたことからの命名であった。

ちなみに、その筆者（撰者）は「遼《りょう》」（九一六～一一二五、契丹族の建てた王朝で、蒙古、トルキスタン、渤海《ぼっかい》などを征服して建国）の太祖耶律阿保機《ヤリツアボキ》に仕えた耶律羽之《ウシ》である。

このなかで、塢須弗《ウスボツ》の著した「邪摩駘《ヤマタイ》記」によると、耶摩駘《ヤマタイ》（邪馬臺？）の古名「阿其氏《アキシ》末《マ》」（秋津州《アキツシマ》？）とは、「阿其比《アキヒ》に由《よ》る」という。

そして、この「阿其比」とは、秋津姫を祖とする阿靳《アキ》、泱委《ワイ》、准委《ワイ》、漢耳《ワニ》、潘耶《ハンヤ》などの諸民族を含む塞外の大種族である。

また、阿斬族《アキ》は日本列島に渡来、泱委族《ワイ》は朝鮮半島に移動、准委族《ワイ》は朝鮮半島北部から東北満州の濊族《ワイ》であった。陽委族《ヤイ》は、中国の古代国家の殷や周を形成した部族であり、漢耳族《ワニ》は殷を構成していた「黄国」の一部、伯弭族《ハイ》はやはり満州東北部にいた貊族《ハイ》、潘耶族《ハンヤ》は満州北部の扶余族《フヨ》のことだとしている。

以上の諸民族を、耶津羽之は同族だとしていることからすれば、これらはいずれもツングース系と見られる（小著『謎のシルクロード』参照）。

このツングース系の諸民族のうち、殷、周、韓（朝鮮）とは関係の薄い部族の王朝が、おそらくウガヤ朝であった。つまり日本に渡来した阿斬族《アキ》の王朝（大陸時代の）がウガヤ朝ではなかったかとも考えられる。

ちなみに「アキ」族とは、韓国語で「男子」の敬称である。そこからイザナギを「イサのアギ」（聖い男性神）の意に解する松岡静雄のような言語学者も出た。

宮下文書の時・空間の謎

ウガヤ王朝が日本列島内の王朝ではなかったことは、宮下文書の時間と空間が、考古学的な日本列島の時間と空間とに矛盾することからの推論である。

すなわち、単純計算で神倭《カンヤマト》（神武）朝二六〇〇年、ウガヤ期二三五〇年、豊阿始原《トヨアシハラ》朝四八七年をプラスすれば、計五四三七年となる。つまり富士高天原王朝が成立したのは、紀元前三四三〇年ということだ。紀元前三四〇〇年といえば、イラン方面からチグリス、ユーフラティス両河の河谷地帯に移動した人々が、その地の農耕民を支配し、さらに出所不明？　のシュメール人がその地に現われ、都市生活とシュメール文明を築いたころである。文字や焼成レンガが普及したが、青銅はまだ現われていない。

中国北部では農耕が発達し、初期の彩色土器は見られるが、金属はまだであった。日本列島は漁撈と狩猟が発達し、定住集落の規模が大きくなりつつあった。そして造型的な装飾の縄文土器が生産されていた……。

この時代に、アマテラスがトヨアシハラの世を開き、それに反抗したスサノオが、結局屈服の証しとして鉄剣（八岐大蛇《ヤマタノオロチ》の尾部から入手したという）を奉献したという。この一点を採り上げただけでも、古史古伝の編年がいかに信憑性に欠けているかということがはっきりする。

この編年から、ウガヤ朝日本不在説をとって、二三〇〇年をマイナスし、また神武紀元を六〇〇年短縮したらどうなるだろうか。二五三〇年という数字が出てくる。これは紀元前五三〇年ということだ。

バビロンがペルシアに滅ぼされたのが前五三九年、そのペルシアがエジプトを征服して古代世界帝国を建設したのは前五二五年である。鉄器は前六〇〇年以前からアッシリアによつて大大的に使用されていた。また中国でも鋳鉄法が発達し、紀元前三世紀の秦《しん》の征覇は鉄製の武器に負うことが大きい。

一方、日本列島では縄文後~晩期にあたるが、当時、稲作技法がすでに入っていたことは、板付遺跡の水田跡から見てはっきりいえる。「縄文農耕」説を唱え、学界に認められないまま、世を去った藤森栄一にこのニュースを知らせたかったと思うのは、私一人ではあるまい。

また、九州の在野の古代史学者上野鉄雄氏は、国東半島の縄文晩期遺跡から出土した鉄刀、片刃直刀（炭素14の測定で紀元前六九五±四〇年、国東郷土館所蔵）と八幡（宇佐）信仰との関係について研究している。つまり、当時すでに製鉄技術が日本列島に入っていたということになるが、この意味は大きい。すなわち鉄器が銅鉾や銅鐸文化より以前に存在したということであり、日本列島の古代製鉄部族であるタタラ一族が紀元前七世紀にすでに活躍していたということになるからだ。

とすれば、宮下文書のトヨアシハラの世のアマテラス対スサノオの対決に出てくる鉄剣をめぐるエピソードは、いちがいに後世の創作と断定することはできなくなる。つまりトヨアシハラの世を前三世紀以降のことと見ての場合であるが。

また、フキアエズ朝が新渡来王朝だとすれば、その渡来は、トヨアシハラ朝第三代ヒコホホデミのときである。したがって、時期的には紀元前五〇年前後ということになろう。この時代は、中国では漢の最盛期にあたり、匈奴《きょうど》の勢力を抑え込むのに成功し、中国北西の諸民族は降伏か部族移動（逃亡）かの二者択一の状況にあった。だが東方は、漢の勢力はむしろ後退し、臨屯、真番の二郡から撤退、玄菟郡を西に遷している。その漢勢力の後退と歩調を併せるかのように朝鮮半島南部では、赫居世《かっきょせい》が新羅を建国したと伝えられている。

とすれば、ウガヤ朝の渡来者とまではいかずとも、ニニギ、ヒコホホデミの二代に、二回にわたって九州に侵寇した勢力と、この新羅建国伝承とのあいだに、何らかの関係があるのでは、と考えるのが常識だろう。

私の結論は、この漢の勢力をさえ駆逐した朝鮮半島の新兵勢力こそ、ウガヤ朝初代の阿祖男命（阿祖王命か）のバックだったにちがいないということである。

阿祖男命は、ウガヤ朝の日本列島における初代であり（彼の背後には神皇、摂政併せの七十二代のウガヤ朝の神皇がいたというわけだ）、そのことから古事記や日本書紀の神（皇）統譜ではウガヤフキアエズノミコト一代と記されたのではなかったか。

ウガヤ朝と前代のトヨアシハラ朝との間の文化的落差が小さいのも、この両王朝が、アソオノミコト、ホホデミノミコトの代まで、大陸と日本列島という異なった地理空間に、それぞれ平行的に文化を形成していたことによるのであろう。

渡来人は歴史を持参する

もともとシルクロード史であったウガヤ史が、なぜ日本列島古代史である古史古伝のなかにまぎれ込まれたのだろうか。ここでは、この問題について考えてみたい。

まずいえることは「渡来人は歴史を持参する」ということである。それは、人間が追憶を引きずって生きる動物であるということからして当然かもしれない。

追憶は時を経るとともに美化され、聖化さえされる。つまり、人間には、自分の記憶について、そのいまわしい部分を捨て（忘れ）好ましい部分のみを選択的に保存する性癖、さらには、そのいまわしい部分の残存をも含め自分の記憶を無意識のうちに美化するという傾向がある。この性癖なり傾向は、人間が苛酷な環境に耐え抜くために採る自己防衛の心理的機制《メカニズム》といってよいだろう。

この人間の性癖なり傾向は、なにも個人の場合だけにかぎられたものではない。個人の集合である集団（部族、民族など）の場合でも同じである。つまり、集団的記憶が神話となり、歴史となる。いわゆる「黄金時代」や「楽園」にまつわる伝承もそうである。中国の「聖王伝説」もそれと含めてよいだろう。

集団は、その美化された伝承を持って新たな旅に出る。そして、自分たちの新しい歴史を創ってゆくわけだが、その過程で美化された集団的記憶は、聖化され、やがて、その集団（民族）の自己同一性《アイデンティティ》形成の核となる。

だが、「だが」である。渡来した、つまり移動した地に、すでに自分たちの持参した、美化され、聖化されたもの以上の高い質の歴史がすでに存在していた、しかも、それは否定できそうもないまでに普遍化されていた場合はどうなるだろうか。

そうした場合に、新規の渡来者の採る方法はいくつか考えられる。

その一つは、全面的にその地の原住民ないし先住民の歴史を抹殺することである。これは十六世紀に新世界、とくに中南米に移住し、その地の原住民《インディオ》を征服し、支配したスペイン人やカソリック宣教師が採った方法である。彼らは、マヤ、インカなど高度な文明と歴史を、徹底的に破壊、抹殺しようとし、ほぼ成功した。

次に考えられるのは、原住、先住民の歴史を大幅に改訂することである。そして、自分たちの征服、支配の正当性ないし正統性をその歴史のなかに混入させることだ。

この手段は、もっとも多く採られたものと見てよいだろうが、問題はその改訂の内容なり技法ということになる。

まず、自分たちに不都合な証拠（史料）を焚書する。

次に、偽史編修の参考史料として焼かずにおいた原史料を改変する。

第三に、自分の実力（歴史を叙述するには相当の知識と経験の積み重ねが必要）では、改変作業を行うことが困難、つまり説得性のある史書を編修することが困難であった場合である。そのとき彼らは、原住、先住民の歴史に、自分の持参した歴史を挿入する。いわば接木《つぎき》的手法をとるわけだ。

このテクニックを、吾郷清彦氏はかつて「きせる系図」という概念で説いたことがあった。つまり、頭の部分（きせるの「がん首」に相当する部分）は、原・先住民の歴史、そして中間の部分（きせるの「らう」＝竹の筒に相当する部分）に、自分たちが持参した歴史をはめ込むわけである。そして末端の部分（きせるの「吸い口」に相当する部分）は、自分たちの支配確立以降の歴史だから問題はない……という構造だ。

私は宮下文書とかぎらず古史古伝の数十代にわたるウガヤ朝は、このきせるの「らう」（羅《ラ》宇《ウ》）にあたると見ている。

トヨアシハラ王朝を打倒したウガヤ朝は、新規の渡来者集団だった。彼らは、日本列島の征服王朝であったが、その支配をより基礎的に固めるために、トヨアシハラ王朝までの歴史を全面的に破壊することなく、中国史から学んだ知恵である禅譲放伐思想を折り込んでこの歴史の

「きせる」化を行なったのではないか。

　この仮説をとれば、ウガヤ史と考古学とのあいだの矛盾がうまく解消されることになる。ただ、この古代においては十分効果のあった「きせる」テクニックも、物証をともなわないという致命的欠陥のため、人知の進歩、発展につれて、その馬脚を暴露することとなる。古史古伝の「系図」とかぎらず、記紀の「神統譜」なり「皇統譜」は、その馬脚を暴露した好例であろう。

「昔話」的手法による編史

　ドイツの民話学者にマックス・リュティという人がいる。彼が『ヨーロッパの昔話――その形式と本質』で、昔話のいわゆる語り口の秘密について詳しく分析しているが、その訳者であり、国際口承文芸学会の副会長である小沢俊夫教授（元西独マールブルク大学客員教授、現日本女子大教授）が、このリュティの分析を『世界の民話』（中央公論社）で要約している。そのなかで次の諸点が私たちの古史古伝研究に大いに有効と思われるので紹介しておこう。

　(1)時間が点として述べられていること。つまり時間の経過――流れについては不問に付されている。

(2)実際は異なった時間に起こった複雑な事件が「ちょうど」（その時）ということで結合されていくこと。これを「状況の一致」という。
(3)すべて（の事件）が「一本の線上に投影されている」こと。
(4)主人公中心で、主人公以外のわき役《バイプレーヤー》は、主人公の栄光にとって重要な場合をのぞき無視されること。
(5)人間の住むふつうの自然の世界と、超自然的な世界とのあいだに「断絶」がない。つまり「一次元」的であること。

以上リュティがあげたこれらの諸項目について、古史古伝の読者なら、おそらく「なるほど、そういえばそうだ」とうなずかれる点が多いのではないか。つまり右にあげた諸点は、いずれも吾郷清彦氏のいう「きせる系図」的歴史叙述の技法的特徴であるからだ。

私たちの神代史ないし古代史の特徴の一つである「母性原理」、より具体的にいえば母系的血縁性の尊重からいっても、その古代史なり神代史が「一次元」的なもの、あるいは「一線上」的なものになりやすいのかもしれない。ちなみに、きせるのつなぎの部分の神皇なり天皇の神后ないし皇后が、ほとんどの場合、前代の血縁の濃い女性であることも注目される。

また、この編史手法は、古史古伝だけでなく、古事記や日本書紀の編修のさいも用いられた。

たとえば、記紀には、日本列島に客観的に存在していた邪馬臺国に関する記述が皆無に近いことがその証拠である。三世紀という時点での女王卑弥呼と中国との関係は、みごと、記紀の「一線上」からは欠落し、そのような（邪馬臺国ならびに卑弥呼女王についての）事件を排除することによって皇国史観の「一次元」性を保たせているわけだ。

そこで、古田武彦氏は、多元古代の可能性を主張したわけだが、私たちも古史古伝を読むさい、この多元古代の可能性をつねに踏まえてかからなければ、かつての皇国史観と同じ誤謬を犯すことになろう。

多元古代の存在を示す史料として、私はさきに『東日流外三郡誌』をあげたのであるが、厳密に記紀を読み、中国史料（「魏志倭人伝」や「隋書倭国伝」）などを参照しただけでも、古田氏のような結論に到達できる。それだけに古史古伝に接する場合、つねにその目を日本列島以外の地域にも配っておくことが大切である。

繰り返す。一線上あるいは一次元的に古代史をとらえることは、その人の歴史理解を、「昔話」のレベルに落とすことになるのだ。

また、その目を外国に配るといっても、中国や朝鮮半島にかぎっては不充分である。中国にウエイトを置きすぎると、せいぜい邪馬臺国は古代華僑の植民市《コロニィ》だといったような結論に達したりすることになる。

また朝鮮半島に傾けすぎると、日本書紀よりも四二五年もあとに成立した『三国史記』やさらに二世紀近くも遅れて成立した『三国遺事』でもって日本列島史を見るという奇妙な古代史観をイメージすることになる。

したがって、その目は世界史的に、少なくとも南は東南アジアからインド、北はバイカル湖から沿海州、北極圏、西はシルクロードの起点黒海、コーカサス地方、東は黒潮の彼方、ロッキーからアンデスにかけて及びたいものである。なぜなら、日本ないし日本人の成立は、風と海流との力に依存しているといってよいからである。

また、一万八千年前まで、現在の日本列島は存在していなかった。というのも朝鮮海峡や津軽海峡は陸橋であり、宗谷海峡が開いたのは一万二千年まえ、間宮海峡にいたってはつい五千年前まで開いていなかったという地学的な事実も重要である。先縄文につながる旧石器時代人は、日本海ならぬ日本湖の畔《ほとり》を徒歩で、あるいはまだ一面の大平原だった東シナ海や玄海灘を、徒歩で日本列島に渡って来ることができたということも一応考慮しておきたい。そうすることによって、古史古伝のいわゆる「昔話」のもつ意味も大きく変ってくるはずである。

Ⅳ章

富士山麓の先住民史

先住の神々

宮下文書でいうトヨアシハラの世を開いた神々が西アジアの高天原から渡来する以前にも、この日本列島に土着（先住）の神々がいたことは明らかである。

たとえば、クニサヅチの一行が上陸したとき、まず「黒鳥」（加良住《カラス》）が、次いで「赤顔の獣」（猿か）が道案内したと記されている。このカラスは、記紀の神武東遷のさい、道案内に立った「八咫烏《ヤタガラス》」、また「赤顔の獣」とは天孫降臨のさい、天の八衢《やちまた》に立って皇孫一行を迎え、先導に立った「猿田彦《サルタヒコ》」に投影されている。つまり、いずれも原住ないし先住民だったわけだ。

とすれば、神々が移住、定着する以前に、富士山麓にも、当然、先住の神々が生活していたと考えなければならない。

ちなみに、この富士山をめぐる地質学ないし地学的な研究はわりと多い。昨年（当時）相楽正俊氏の富士山大噴火の予言（『富士山大爆発』徳間書店）が国会にまで採り上げられたが、それだけ多くの人々がこの種の研究に関心をもっていたわけだ。

だが、富士山をめぐる考古学や人類学的な研究となると、これはまた極端に少ないようだ。

たとえば森浩一氏の『考古学　西から東から』には全国の都道府県の遺跡が多く載っているが、

静岡県や山梨県を見ても、富士山のフの字も出ていない。まして、地質、地学、考古、人類の諸学を総合した研究となると、絶無に近い。私の知り得たかぎりでは、大正年間に書かれた吉田文俊の論文をしのぐものは見当らなかった。

この吉田論文とは、大正十年三輪義凞が『神皇紀』を著し、宮下文書を公開したとき、この文書を科学的に検討するために各界知名の士を集めて翌大正十一年に設立された「財団法人富士文庫」の研究報告である『富士文庫第一巻』（大正十五）に掲載されたものである。

富士山麓の総合的研究書

この論文「富士山及其裾野《そのすその》に於ける有史以前日本人遺跡」は、五十七ページ四万字近くの本格的なものであり、「有史以前」というよりも、宮下文書でいう富士高天原以前、つまりトヨアシハラの世以前の富士山麓の自然地理・考古・人類学的な研究である。

また前掲『富士文庫』には、工学博士神原信一郎の「水理学上より富士山麓の地勢の変遷を論じ富士古文書の考証に及ぶ」という二十六ページの論文も載っている。この神原論文は、三輪の研究を知った神原博士（当時東京電灯会社＝現（当時）東京電力の技師で富士山麓の桂川の水源調査担当）

が、文書中の富士山噴火関係の記述を、自分の専門の地学、水理学研究にもとづき追跡調査したレポートである。博士はこの論文を骨子として昭和五年『富士山の地質と水理』を著し、さらに昭和十五年『高天原』を著して、宮下文書の記述を地学的に裏付けた。

このような、自然科学（地質、水理学）や考古、人類学から、宮下文書へのアプローチを歓迎したところに、『富士文庫』第一巻の編者である三輪義凞の宮下文書にかけた自信と学問的良心がうかがわれるわけだが、それはさておき、本章では、現在その入手がほとんど絶望的ともいえる吉田論文の要旨を紹介しながら、富士山麓を中心とする日本列島先住民史にふれてみたい。

吉田論文は、大きく分けて次の五つの部分から構成されている。

(1)有史以前で、かつ人類がはじめてこの地（富士山麓）に移住した当時からの地形の変遷。
(2)石器時代の居住者。
(3)弥生文化の侵入。
(4)富士山麓の古社と祭神から見た二つの部族の共存。
(5)わだつみ族の到達ルート。

かつては水に浮かんでいた富士山＝蓬莱山

水と原生林に浮かぶ富士山

富士山麓の「地質」や「地形」ついては、最近(当時)、より新しいデータを踏まえた良書、たとえばNHKブックスの『富士山』(木沢、飯田、松山、宮脇共著)や講談社の現代新書の『富士山』(森下晶著)などに詳しい。

したがって、ここでは吉田論文の吉田らしさというべきか、彼が示してくれた太古の富士のイメージからスタートしたい。

吉田は、富士山が他の火山ときわだって異なった点は、まずその豊かな「水」にあるとしている。

たしかに現在でも「富士五湖」つまり富士山の北麓にある湖沼群(山中、河口、西《さい》、精進《しょうじん》、本《もと》棲《す》の五湖）は有名だ。

地図を見れば分かるように、富士山麓は二つの外郭山系によって大きく分けられている。一つは山伏峠から籠坂峠、矢筈山に連なり、富士山の中腹に喰い込む山系である。もう一つは、雨が岳、竜が岳から割石峠を基準としてやはり富士山の中腹に喰い込む山系である。そして、前者、つまり山伏峠――矢筈山の線と富士の北部（山梨県側）山麓とのあいだが「天然の水溜り」を形成している。

だが、吉田はこの「天然の水溜り」つまり現在の富士五湖が、かつて一連の「大三日月湖《ミカヅキ》」（神代湖）であったという宮下文書の伝承については、その地に「人類移住以前の何万年前かにおいてはあるいは左様《さよう》なこともあったであろう」ときわめてクールである。つまり吉田自身は、いわゆる熱狂的な古史古伝のファンでなかった点に留意されたい。彼はあくまでも学者としての客観的姿勢を崩していないのである。

さて、吉田によれば、現在、平地や森林になっている山麓部分、たとえば、青木が原は「大湖」であったし、御殿場付近の沖積地も「太古の湖水跡」であった。また駿河湾は現在よりはるかに内陸部まで喰い込み、海岸線は愛鷹山山麓にまで迫っていた。その当時は、現在の甲府盆地も巨大な「湖」であり、その後、人類の生活がはじまった時代においても「湖沼地帯」であったという。

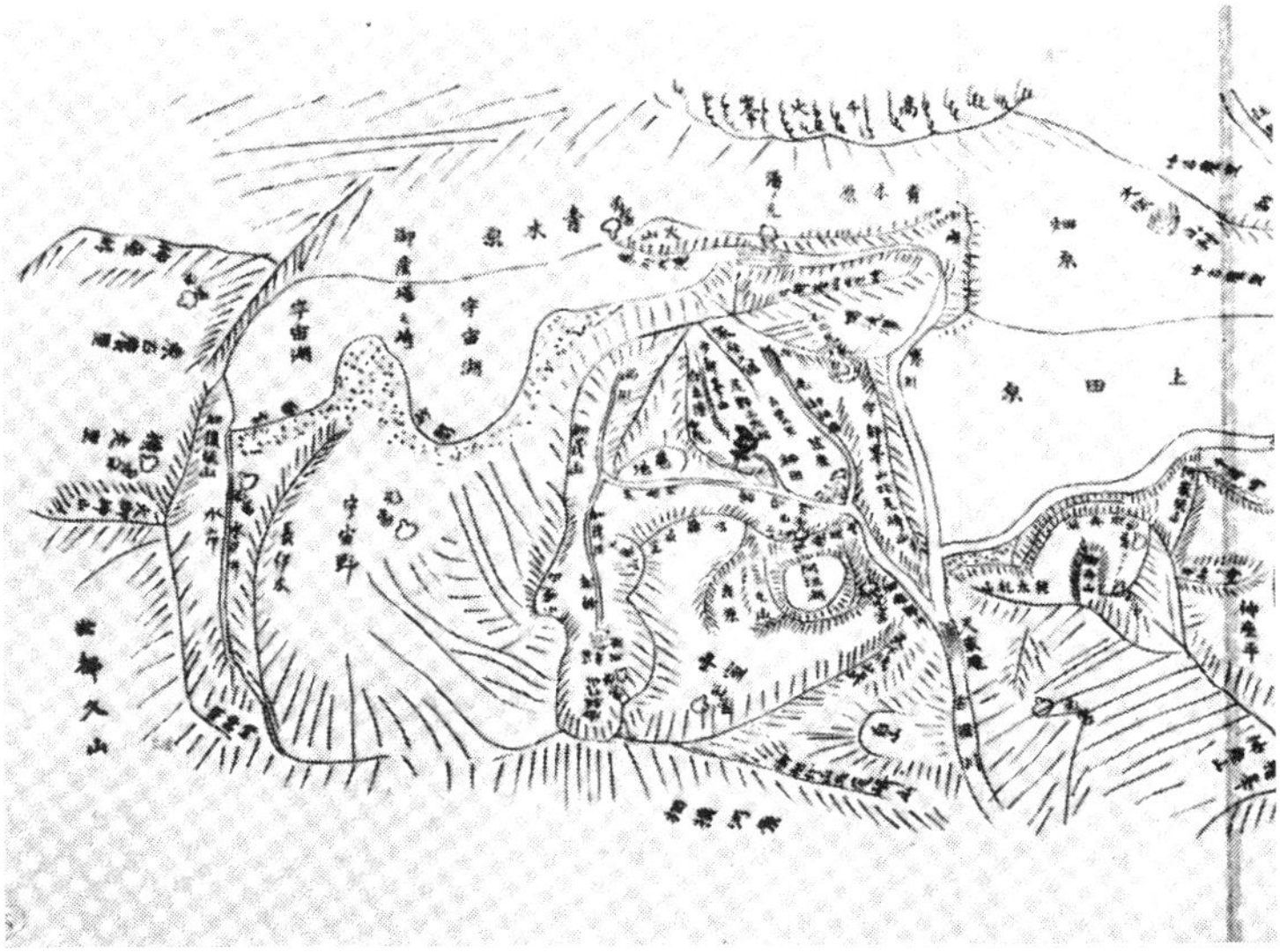

富士山の古代地図

だいたい、これらのことは現在の地質学でもほぼ認められているといってよい。

また、彼は当時、現在の草原地帯は、まだ千古斧《おの》を知らない大森林だったとしているが、これも正しいだろう。つまり海抜千メートル以上の八が岳山麓に縄文文化が栄えていたくらいだから、当時はまだ気候が現在よりも、より温暖だった。したがって日本列島の森林の再生産力は、現在よりもはるかに高かったはずである。また人口もはるかに少なかったし（小山修三氏らのコンピュータ考古学によると縄文前期二万、中期二十六万人である）、森林資源を消費する金属精錬や土器焼成も、その再生産力を上回るほどではなかっただろう。さらに焼畑農耕にしても、その規模はたいしたことがなかった。とすれば富士山麓が大森林（原始林）におおわれていたことは事実と見てよい。また、山麓の大部分を占める湖沼群から流れる多くの河川も、水量は現在よりもはるかに多かったはずである。それらの河川はこの原始林のあいだを縫って駿河湾や相模湾に注いでいた……。

これらの地形から、吉田は富士山を「水に浮んでいた」としているが、これは至言である。青々と拡がる大湖沼群のなかに、また海上からはより近く……つまり水面にポッカリ浮び、雪をいただくコニーデ型の美しい山容、しかも標高は三千メートルを軽く越すのだ。そして、その裾野はまた美しい緑の原始林……。

この富士山のイメージは、まさに「蓬莱山《ほうらいざん》」といっても過言ではあるまい。この地は、砂漠や氷河や黄土地帯、あるいは炎熱の島々からきた人々にとっては、まさにパラダイスといわずしてなにか。

吉田のイメージする富士山麓をめぐる古代人の営みは、この富士山の「水」を原点としている。

禁制の富士縄文学

現在の富士の裾野は、ほとんど溶岩や砂礫の荒野であり、樹木らしい樹木がほとんどない場所が多い。ただ、わずかに裾野の奥、青木が原の「樹海」と精進湖や西湖周辺にかつての富士山麓のおもかげをとどめているにすぎない。

だが、富士が「水」に浮かんでいた時代、この楽園はまた、鳥や獣の楽園でもあったろう。吉田によれば、雁《がん》や鴨《かも》のような水鳥をはじめ、無数の鳥獣がいた。また、その獣のなかには鹿や猪、多くの猿類、さらに狼や熊なども含まれていたという。だが、私は紀元前一万年ころなら、あるいは象（といっても退化して小型になった青森象《アオモリゾウ》の仲間だろうが）もいたと思っている。もちろん、多くの河川には季節ごとに多くの鮭や鱒がさかのぼってきたであろう。

さて、この楽園に人々が住みはじめたわけだが、その年代については彼はただ「石器時代」と述べているだけである。もちろん、当時の学界は、日本列島に旧石器時代はないという大ボスの威令？　がゆきとどいていたから、新石器かせいぜい中石器時代のことだろう。

だが、彼の文脈からいえば、それは新石器時代であるらしい。ちなみに戦後発掘された富士宮市上条の千居《せんご》遺跡がある。これは縄文中期のもので、四十六メートルに及ぶ帯状列石と径三・五メートルの環状列石などが注目されている。つまり紀元前三万〜二万五〇〇〇年のものということになる。

では、そのころ富士山麓にはどのような人々が住んでいたか、といえば、いうまでもなく縄文人である。が、彼らは現在北海道にわずかに残っている「アイヌ」人だと吉田はいうのだ。

縄文人＝アイヌ人という見解は、最近、梅原猛氏のアイヌ研究によって陽の目を浴びた仮説と思われるかもしれない。だが、大正十（一九二一）年の時点では、縄文土器がアイヌ式土器とよばれていたのである！　つまり日本列島の先住民をアイヌとする仮説が学界に堂々とまかり通っていたのだ。それ（アイヌ式土器）がいつのまにか縄文土器という呼称に統一されてから、アイヌ人とアイヌ文化は日本列島史から抹殺されたのである。

さて、吉田によれば、現在（大正十年）なお、富士山腹、あるいは四周の裾野などにアイヌの遺跡が残っているが、それらはいずれも「当時の湖畔または渓流に沿うた丘陵地などに多く存在し……特に裾野において注意すべきは富士噴出の溶岩流下から当時の遺物を発見することである」と述べている。

そして、吉田はその遺物（石器など）の分布から見て、彼らは相模の海浜から酒匂川を上流にさかのぼってきた、いわゆる「海岸アイヌ」であり、これは「相模アイヌ」（相模蝦夷）の一分派であって、山地のいわゆる「甲州蝦夷」であるいは「八代《やつしろ》アイヌ」とは異なった部族であるとしている。そこで吉田は彼らを「富士アイヌ」と命名した。

なお、吉田があげた「富士アイヌ」の遺跡は膨大な数にのぼっている。

まず富士山東麓では、須走《すばしり》村梨木平、北郷村大御神、六郷村柳島、足柄村竹の下、御殿場町東山、高根村水土野、富士岡村大坂、小泉村大畑、深良村深良など計十五か所。

次に北麓桂川上流では、瑞穂村下吉田など十か所（いずれも瑞穂村内）。河口湖畔では、船津村字中村、小立村大字茅が崎、勝山村勝山浅間神社裏、長浜村渡船場付近、大石村大字薬研沢、河口村大字峯、西桂村字下墓地寺野沢、開地村熊野神社境内、東桂村字山梨、宝村大字河棚小字城山頂上、谷村町秋葉社内、壬生村字古谷戸、三吉村字法能、盛村大字與縄、明見村大字大明見字古屋敷、忍野村鳥居地峠付近、鳴沢村大和田、道志村字神地、中野村寺の沢など計一〇六か所。なお、船津村の六か所は全部熔岩下（おそらく東電工事のさい発見）。大石村の鵜の島遺跡は河口湖中の島、河口村の三ツ峠の遺跡は標高二千メートル近くの山岳遺跡であることは注目すべきだ。明見村の遺跡にも熔岩下のものがある。

精進湖、本栖湖付近では、上九一色村大字飯田ほか計五か所。

西南麓富士郡地方では、猪の頭、白糸村佐折、杣野村上杣野、下条村田尻、大宮町滝戸、富士根村字小泉、岩松村字岩松など計二十四か所。なかでも猪の頭、滝戸、村山の遺跡は北麓地方の遺跡と遺物からみて、相互に連絡があったと見られる。

また、愛鷹山麓の遺跡としては、須津村中里、浮島村境、鷹根村字東原、金岡村椎路など十六か所であるが、それらは富士東北山麓および富士郡地方と同じ遺物が出土しており、結局、彼ら「富士アイヌ」は富士山の周囲をとりまいて居住していたということになる。

なお、遺跡ないし遺物の発見場は合計一七六か所に達している。

にもかかわらず、これらの地方は考古学的にほとんど問題にされていない。たとえば、日本で最大の考古学事典である平凡社の『世界考古学事典』の地図を見ても、右にあげた地点は一か所も記載されていないのである。もちろん、森浩一氏の『考古学　西から東から』（中央公論社）の静岡、山梨県の部を見ても出てこない。富士山は考古学でも禁断の地なのであろうか？

弥生対アイヌの決闘

この「アイヌ人」の遺跡が多く散在している富士山麓に「日本人」が生活するようになったのはいつごろからか、というのが吉田の次の問いである。

彼は、日本列島における有史以前のアイヌ人の「番殖《はんしょく》」した時代を、第一、第二、第三期と三つの時代に区分する。そして、日本人の祖先がこの地に移住したのは第二期の中ごろから末期にかけてであったとしている。なお第三期には、富士山の四周に彼らが生活したものと見ていた。それは、彼らの遺物——弥生式土器の分布からの推論だった。

この弥生式土器が出土したのは、だいたい次の各地である。

まず官幣大社浅間神社がある大宮町桜ヶ丘の台地、同町の黒田星山の台地、星山の字月の輪地区、富士根村小泉台地、さらに須走村の天子が池（大蛇が池）、須走浅間神社裏山続きの丘陵地帯、精進湖畔の精進パノラマ山、本栖湖畔、河口湖畔にも弥生遺跡が見出されている。だいたい彼らの遺跡は主に丘陵地帯が主であるが、まれには低い沖積層の土地にもある。そして、当然といえば当然であるが、いずれも飲料水の便がある地点だ。

だが、注目すべきは精進パノラマ山のように、または谷村町勝山城跡のように「清流もしくは湖沼地を作って而《しか》して展望のきく場所」に要塞地を作るのが常だった。そして、そのような場所には必ず石鏃《せきぞく》（石の矢じり）の「製造所」があるとか「矢の根」（石鏃）などが発見されるという。

なお、面白いことに、これらの遺跡が丘陵上の周囲に展望のきく場所、とくに外部山系に属する丘陵上にあることである。

これは、彼らがこの地に移住する以前に、アイヌ人がチャシとよぶ城塞を作っていた場所を、彼らが占拠したものと考えられる。

ここで「チャシ」という表現を吉田は使用しているが、これはアイヌの城塞のことであり、現在は青森県（津軽地方）にその遺構が知られている。それが富士山麓に数多くあったということは、その地に生活していた弥生人以前の縄文人がアイヌ系であった証拠の一つといえるかもしれない。

また、このアイヌ人が造ったチャシを、弥生人が利用したということは、両部族間に闘争があり、その結果、そのチャシが勝利者の所有に帰したと解釈できる。勝利者は、そのチャシをこんどは防衛のためではなく支配のために活用したのであろう。

なお、当時の戦闘に用いられた武器は、弓矢（矢は石鏃）や石槍だったらしい。また、石鏃は一定の製造所で分業化されて作られたらしいが、その石材名は黒曜石、煙水晶、角岩（燧石）、まれに白水晶、粘板岩などが使用された。

黒曜石は富士山麓から産出しないから、これは当然、信州の和田峠か八ヶ岳付近からもたらされたものだろう。水晶は金峰山付近か東山梨の竹森村産のものだったから、この富士山麓とそれらの地方とのあいだに交易が行なわれていたことが分かる。角岩は甲州にも秩父地方にも産出しないから、これは下野地方（栃木県）から運ばれてきたものだろう。また、現地で自給できるのは粘板岩だったためか、この石材の石鏃も多い。

興味あることは、この勝利者である弥生人は、片刃の磨製石斧を作っていたが、それは敗者のアイヌ人の製品よりも拙劣なものであることだ。また、漁網用の錘《おも》り石も、アイヌ人が奇麗に人工的に仕上げたものを使用していたのに比べて、適当な自然石をそのまま使用していた。

にもかかわらず彼らが勝利したのは、彼らが金属の使用を知っていたからではないかと吉田は示唆している。つまり彼らの装飾用の玉製、あるいは磨製の石鏃などに、小孔がうがってあることから、弥生人たちは、すでに「金鉄の武器」を「使用しはじめたことは考えられる」わけだ。この金属の使用と、さきに述べた石鏃製作所にうかがえる武器（狩猟のためにも使用できる）の量産化を実現していた点が弥生人が勝利した決め手であった。

なお、吉田が「山城」を「チャシ」とアイヌ語でよんでいることに注意してほしい。この「山城」については、最近、考古学者のあいだで話題になっているが、その「山城」と「チャシ」の関係について次節で改めて考えてみたい。

チャシと山城

弥生式土器を残した人々が富士山麓に移住し、活躍していたころ、彼らはまだ、周辺各所に居住していた「富士アイヌ」と対立抗争せねばならなかった。また、同種族間でも争闘があったであろう。

そのさい、つまり、いざ外敵襲来というさい、彼らは居住地を捨てて「山城」（チャシ）にたてこもったと吉田は述べている。

そのチャシの最大のものは、梨が原にある大小二つの臼窪山《うすくぼ》（もとは富士山の寄生火山）である。大臼窪山の場合は、火口に三段の「人工的」な階段をもち、その頂上からは、西は河口湖、西湖、精進湖から御坂山系、東北は内野忍草平野（当時は湖）から山伏峠、道志《どうし》の山々、足柄峠から丹沢山塊を一望できる、それこそ要害の地である。

小臼窪山の場合は、背後に桂川の急流をひかえており、これまた要害である。なお、その南方数百メートルのところに当時の彼らの居住跡があり、たしかに非常事態発生→住民の山城（チャシ）移動→籠城、防戦説を裏付けている。

この吉田のいう「山城」つまりチャシは、まず考古学で最近注目されている「高地性集落」を連想させる。これは弥生中・後期において、西日本に見られたもので、たとえば兵庫県芦屋市の三条町会下山（標高二〇〇メートル）の尾根上にある集落遺跡だが、その内容（住居、土壌、祭礼場、それに生活用石器、鉄器、それに武器など）は、低地の集落と変らず、軍事的性格、つまり敵が来襲したさい、集落の人々がここにたてこもって防御するための施設と考えられている。

この高地性集落の古態としてこのチャシを見ることができる、というよりも、アイヌ人の造ったチャシを、防御用に活用すれば、富士山麓の「山城」になり、それはまた「高地性集落」にもなると考えるべきか。

なお、吉田は、山陰地方（出雲伯耆《いずもほうき》の海岸）で、当時の「山城」（チャシ）を二、三発見したが、なかでも伯耆の高麗山は二重式休火山であり、その山容を利用して城塞に利用していたことが分かったと述べている。

また、彼は朝鮮の「山城」にふれ、その内部に「階段が作られておる」と述べ、その「山城」築城手法が大臼窪山の場合と「同一」であると見ている。

日本では、この朝鮮式山城は、七世紀白村江の敗戦後、唐、新羅軍の侵寇を予期して、天智天皇が急拠築かせた大野城とか高安城が知られている。

だが、この富士山麓のチャシ型山城と高安城型山城とでは時代がちがいすぎる。したがって、チャシ＝朝鮮型とは断定できない。むしろ、アイヌが築いたチャシを弥生人が「高地性集落」ないし「山城」に改造、再利用したというところだろう。

なお、アイヌの「チャシ」（砦塁）の語が、全国諸所にある「茶臼山」に残っているという人もいる。大坂の陣で徳川家康が指揮所とした茶臼山が有名だが、これも神武東遷説話にアイヌ名の兄弟の長老が出てくることからすれば、アイヌの足跡を東日本に限定するのは誤りである。また英語の「城《キャツスル》」castleと同源であるという人もいた。だが、ここまでくるとユーラシア大陸の両端にまたがる古代の大交流を前提としなければならず、いささか勇み足というところかもしれない。

さて、このチャシ跡は、大小臼窪山以外にも、谷村古城山（勝山城跡）、精進パノラマ山、嘯山（船津村）などがそれにあたる。また大宮町付近のチャシ（「月の輪」とよばれている）

は、前面に集落があり、一朝事あると「裏山」をもって城砦となしたという。これなどは、まさに弥生時代の西日本の「高地性集落」そのままである。したがって、この「高地性集落」が富士山麓に多くあることは、弥生時代の政治史を西に偏って眺めている現在の史学界の傾向に大きく反省を迫るものであろう。

富士山麓に神々は共住していた

さて、このチャシを占拠し、改造して、富士山麓に分布した彼ら弥生人は、まだ「主として狩猟生活者であったであろう」と吉田は述べている。もちろん、弥生時代ともなれば稲作が西日本から東日本まで拡がったわけだが、富士山麓の彼らの遺跡からはまだその痕跡が見出せなかったからだろう。

また、この弥生人にしても必ずしも大陸渡来の農耕民族ばかりだったわけではない。縄文人であるアイヌ人とは種族的に異なっても縄文時代にすでに渡来してきた人々もいたし、彼らは弥生文化と接触、それを一応受容したがゆえに弥生人として、依然として縄文的だったアイヌ人との生存競争に打ち克ってきたと考えてもよい。吉田の「狩猟生活者」とは、稲作農耕にはまだいたらない、このような弥生人と理解しておくべきだ。

さて、これらの人々は、「主として山祇《やまずみ》の神を崇拝した山祇部族であった」と吉田は考えている（そして、この山祇族が狩猟生活者であったことは、石器などその遺物からの彼の判断だった）。

彼らが、この山祇（山の神）をどのようにして祀ったか。吉田は乏しい遺跡からもその「遺風」を知ることができるという。

まず富士山自体を御神体として祀った（富士郡山宮浅間神社だが、その祭神というよりも富士山の本霊はコノハナサクヤヒメ、つまり大山祇神の娘である）。また、「自然の砂利石」を御神体として祀った神社もある（富士郡三社の一つ倭文神社）。つまり御木、岩石、山などを御神体として祀ったが、いわゆる拝殿などはなかった。ただ、その遥拝する場所を聖域と定めていたわけである。それが神社の最古の形式であった。

なお、当時はまだ先住の「アイヌ種族の神社」もあったから、それらもまた、弥生人たちが「続いて神として崇拝したことも考えられる」。

そうだ。古代人たちは、異種族の神や聖域に対しても敬意を表するにやぶさかでなかったのである。

だが、面白いことに、この富士山麓には山祇族系（大山津見神系）の神社だけが多くあったのではないのだ。つまり大海津見神《オオワダツミ》の祖神も多く祭祀されているのである。

これは、富士山麓という海抜七〇〇～一〇〇〇メートルの高原地帯であるにもかかわらず、富士山の周囲には「水」がフンダンにあった――富士山は水に浮いていた――ことと関係がある。駿河湾や相模湾は現在よりも、はるかに内陸部にまで喰い込んでいたし、また山麓には大小の多くの湖沼があった。甲府盆地も淡水湖だったし、信州にも大湖が少なくなかった……ため、「海神《ワダツミ》部族が早く有史以前から移住しおったことが考えられる」からである。

吉田は、現在の精進湖畔の「海和田《ウミワダ》」「大和田《オオワダ》」のような地名は、「当時剗《せ》の海時代に彼ら海《ワダ》神《ツミ》部族の居住せしことを物語る」し、河口湖畔の「足和田敷島《アシワダシキ》」付近もそうだとしている。また、河口湖畔の「貴船神社」、「鵜《う》の島弁天《べんてん》」、西湖、青木が原の「剗の海神社」などは、いずれも当時における「海神綿津見《ワダツミ》」系の神を祀ったものと考えられるのだ。

さらに三吉村法能寺住吉の弥生遺跡は、住吉《スミヨシ》、つまり航海神の住吉神を祀ったところだともいう。

ということは、当時まず先住のアイヌ人と、大山津見《オオヤマツミ》系の「山の民」、大海津見《オオワダツミ》系の「海の民」との三者が共存し、あるいは競合して生活していたということである。吉田によれば、これら弥生人は一つは山祇《ヤマズミ》として山野に生活地を求め、一つは海祇《ワダツミ》として河海湖沼などの水郷地をテリトリーとしていたという。

では、先住のアイヌ人はどうなったのだろうか？　吉田はその点についてはなにも述べていないが、おそらく一部は弥生人と混血同化し、一部は富士を後にして東北方に移動したと解しているものと思われる。

だが、私は大部分は、依然、富士山麓にとどまり、やがて富士山の大噴火によって、他の山津見、海津見族らとともに溶岩と火山灰に埋没したのではないかと考えている。

宮下文書には、大山津見神の娘の木花咲耶姫《コノハナサクヤ》が富士山の火口に投身したという伝承があるが、その伝承はさらに、この姫の怒りが富士山の噴火をもたらしたとなっている。

このことは、アイヌ、山祇《ヤマズミ》、海祇《ワダツミ》の三部族共同体が、本格的な弥生文化人との接触の過程で、結局はダマされたことに対して、族長の娘で、異族の若き指導者の妻であったコノハナサクヤヒメが憤死したことと、大噴火とを結びつけた伝承ではなかったか。

竜宮もあった！

海神《ワタツミ》族は御坂山系を越えた現在の甲府盆地にもいた。巨摩《こま》郡の「穂見神社」の神は、太古国中が洪水で氾濫していたとき、国津神と協力して山を切り開いて水を流し、平野を造成させた。よって「民すなわち粒食す」という。この神は安曇《あずみ》氏の祖先、海神綿積豊玉彦《ワタツミノトヨタマヒコ》神の子、穂高《ホダカ》見《ミ》命ともいわれている。

なお海神綿津見《ワタツミ》系に属する部族は信州の山中にもいた。日本アルプスの高峰穂高の、穂高神社、穂高見神社はこの一族の分布を示している。東京郊外の青梅市も「青海《アオミ》」と同音の地名（佐渡島や新潟県にもあり）だから、この一族と関係があるだろう。ちなみに青梅に「和田《ワダ》」（ワダツミから出た）のつく地名もあり「和田神社」まである。

また、一族は、はるか奥利根にまで発展していた。沼田近辺の尾高明神《オダカ》は穂高明神《ホダカ》の訛りである。奥利根から尾瀬沼一帯にかけて海神族が分布していたわけである。

このように大海津見神《オオワタツミ》を祖神とする一族は、大山津見神《オオヤマツミ》を祖神とする一族とともに、九州から奥羽まで拡く分布していた。富士山はいわばその中央にあったのである。

この「海の民」の展開も、日本列島が四周海であったとともに、内陸部にも大小無数の湖沼群があったことと無関係ではあるまい。

なお、注目すべきは前節にも記したように富士山麓の「剗の海《セウミ》」付近に「竜宮」（綿津見竜宮）ともいうべき「剗の海神社」があったことである。

では、この大山津見《オオヤマツミ》族、大海津見《オオワタツミ》族とは、いったいどのような種族だったのだろうか。私はこれまで、ただ「弥生文化」をもっていた部族とか「弥生人」、つまり「非アイヌ」系の人々としてきたが、ここにその実態を明らかにしてみたいと思う。

この二つの種族は、ともに南方から海流にのって日本列島に到着したわけだが、それぞれの種族の列島内の分布から見ると、だいたい前者（山祇族）は、黒潮の本流にのって、九州南端から瀬戸内海、紀伊半島、東海地方と、太平洋岸に展開したらしい。一方、後者（海神族）は、沖縄で分岐した黒潮の支流である対馬海流にのって、九州北部、朝鮮半島南部を経由して、日本海沿岸に展開したものと考えられる。

また、この二つの種族のルーツは、といえば、山祇族は東南アジアから南洋諸島、つまり赤道以北の島々の人々、いいかえればマライ＝ポリネシア系の人々である。一方、海神族は、東南アジアであっても大陸部の人々で、人種的にはモンクメール系に属している。

同じく大航海を経て渡来した人々でありながら、一方が「大山津見」神を祖神とする、いわゆる「山の民」的色彩を濃くもっているのは、彼らが、日本列島に渡来後も、その占拠地を海岸部にだけ限定せず、刳舟《くりぶね》を巧みに操って、河口から上流――山岳地帯に進入し、高原地帯を越え、水源近くの山地に居住したことからの命名《ネーミング》であろう。したがって「山の神」である大山津見神は、もともと「海の神」でもあったのである。

それに対して、後世まで「海の民」であった海神族は、渡来後も海岸地帯または大きな湖沼地帯に生活することを好み、漁撈と航海の技術を依然として生業としていたことから「海原《ワダノハラ》」の名をそのまま負い続けたわけである。

富士山麓の諸社が、この大山津見、大海津見の二神系のものに分かれていることは、表日本（太平洋岸）から入ってきた山祇《ヤマズミ》族と、裏日本（日本海岸）から入ってきた海神《ワダツミ》族とが、この富士山麓で共存（ときには抗争があったろうが）していたことによる。

すなわち、その二つの種族は、一つは駿河湾沿岸や伊豆半島地方から、沼津地方、あるいは富士山の南麓の愛鷹山麓、さらに富士山麓へと移動してきた（山祇族）。

もう一つの部族は、能登半島や佐渡島や新潟県日本海沿岸地帯に上陸したが、やがて河川をさかのぼり、山間の湖沼群を経て（長野県の安曇地方や山梨県の八代地方を経て）、富士山麓の湖沼地帯にいたったわけである（海神族）。

吉田は、これらのルートを、それぞれの部族の信仰する神々（大山津見神、大海津見神）を祭祀した神社によって推定したわけであるが、時期的には――といってもともと縄文後、晩期から弥生前期にかけてさみだれ的なものであったろうが――海神《ワダツミ》族のほうが、山祇《ヤマズミ》族よりも少し早かったとしている。それだけに北麓西方の「剗ノ海」近くの「綿津見《ワダツミ》宮竜宮」である「剗ノ海神社」の起源は古いといえるだろう。

なお、これまでいくどか用いたが「剗《セ》ノ海《ウミ》」という名の湖について簡単にふれておく。「剗ノ海」は、宮下文書の地図（古代富士山麓の地図一二五ページ参照）に出てくる湖の名称であり、それは歴史時代に入ってから起こった噴火のさい、溶岩によって分断、埋没し、現在は西湖、精進湖として残っている。

「剗ノ海」の「剗《せ》」とは、もちろん、あて字であるが、背《せ》、つまり富士山の背後にある湖という意味であろう。

また、当時（剗ノ海があった当時）は、山麓にはもう一つ巨大な湖「宇津湖」（神代湖とも宇宙湖ともいう）があったと記されている。これが現在、山中湖や忍の八海として残っているが、もちろん、当時は「剗ノ海」と同様、現在よりもはるかに巨大な湖であった。

河口湖は太古代、宇津湖と剗ノ海とが剣丸尾や山中丸尾の溶岩流によって分断されてから、少しおくれてできたと森下晶氏は述べている。

さて、本論にもどろう。当時、つまり海神族や山祇族が富士山麓に移住しはじめたころ、富士山麓は日本列島の陸上交通の要路にあたっていたらしい。

吉田によれば、鮎沢川や道志川の渓谷を通る道が最古道であり、籠坂峠も縄文時代からの重要な交通路であった。箱根山中の早川上流（須雲川）も駿河、伊豆半島を結ぶ足柄峠以前のルートである。もちろん、甲信方面、さらに両毛地方にいたるルートもあった。

アイヌ人が開発したこれらの道を、山祇《ヤマズミ》族も海神《ワダツミ》族も利用し、各地に分散していったのである。

私はかつて、古代、造船所が山中にあったという宮本常一の指摘について、海岸部の巨木資源を消費し尽した結果とだけ考えていたのであるが、この山祇族、海祇族の山地への分布を見ると、これらの人々が、もともと「海の民」であったとすれば、造船技術については、平地の農耕民以上の資質と技能をもっているはずだから当然だと考えている。

以上、本章で述べたような状況下の富士山麓に、新たに移住してきた神々が宮下文書伝承のトヨアシハラの世を開いた神々であったのである。

愛鷹山は先住民の聖域

万葉の名歌で有名な「田子ノ浦」から「浮島が原」を経て北方に進めば、愛鷹《あしたか》山である。富士山の南方に位置する死火山で、地学的にいえば山体は開析《かいせき》作用が進み、山上には五つの峯がそびえている。最高は南部の越前岳で標高一五〇五メートル。山名である愛鷹は一一八八メートルで、五峯のうちもっとも低い。

山体から山麓にかけては放射状の谷が多く、裾野は鎌倉時代には「牧《まき》」(牧場)であったが、現在は、茶、桑、蜜柑などが栽培されている。

さて山名の「愛鷹《あしたか》」であるが、そのはじめの名は「阿始《アシ》ノ岳《タケ》」だったという。つまり宮下文書のいう「豊阿始原《トヨアシハラ》」の「阿始《アシ》」である。この富士山麓を「高天原」とした神々は、三河、駿河を経て、この山麓にいたり、十年近く生活していたとある。

肝心の蓬莱山、つまり富士山を目前にしながら、十年近くこの山麓に足踏みしていた理由について宮下文書はなにも語ってくれない。彼ら——高見産霊《タカミムスビ》神と国狭槌《クニサヅチ》尊の集団は、この山から、北方にそびえる高千火《タカチホ》（富士山）とその山麓にひろがる巨大な湖とを眺めるだけで十分だったのだろうか。それともやはり、富士山麓に高天原を建設するための準備期間として、この十年間という期間が必要だったのだろうか。

おそらくは、彼らよりも先住の人々（集団）が占拠している富士山麓に入り込むには、それなりの準備が必要だったのではなかったか。事実、さきに紹介した吉田論文を見るまでもなく、当時の富士山麓は、先住民たちのパラダイスでもあったし、また、チャシ型山城も多く、侵入者に対する防備も固かったはずである。

そのため、万里の波濤を乗り越えて、この蓬莱山の近くまでいたりながら、彼らは足踏みを余儀なくさせられたのであろう。

彼らは、この愛鷹山に拠《よ》って「仮りの宮」をしつらえ、十年近く、水と緑のなかに浮かぶ富士山の美しい姿を眺めて、富士高天原建設のもろもろの準備をととのえていたというのが、真相ではなかったか。その「準備」には、自分たちが渡来するさい、世話になったワダツミ族との折衝があったろう。

なお、この愛鷹山は、その地の利（陸路も海路も）がよかったことから、先住民がさらに古代から生活の場としていた。それだけにここには古代遺跡が少なくない。とくに巨石《メガリス》が多い。なかでも「天《アメ》ノ御柱石《ミハシライシ》」とよばれる長大な石がところどころに横たわっていることに、この山の巨石文化研究をライフワークとしている加茂喜三氏（富士地方史料調査会）は注目している。たとえば赤渕川上流の桑崎町水源地付近の沢にある石柱は、基部だけが残り、上部は二メートル余で折れたものだが、これを復元すれば直径一・五メートル、全長十メートル前後の巨大なものとなる。これは二段ホズに加工された基部をもち、外が五角形、中心は円形である。

なお、地方の伝承によれば、愛鷹五峯の一つ「大岳」（標高一二五六メートル）の山頂には、「空を突き上げる一大石柱」がそびえ立っていたという。

　次に、愛鷹五峯の中央、位牌《いはい》が岳（標高一四五八メートル）には、「人首竜神」の「かぐら石」がある。高さ約一二メートル、長さ五八メートル、底部が土に埋まっているので掘り下げてみれば、高さや長さはさらに大きくなるだろうが、巨大なメガリスであり、それはエジプトのスフィンクスをしのぐかもしれない。

　その頭部に登ってみると日の出の方向とされる東南に、駿河湾が拡がって見える。尾部は北に向かって「く」の字を描いて続いていることから、この愛鷹山のスフィンクスは、人首竜体ということになるわけだ。

なお「かぐら石」は「神座石《かみくら》」の訛であることは、その中央部に「神椿《みてぐら》」を立てて供饌したと思われる場所がある（神鞍《かみくら》）ことからみて明らかだ。おそらく、ここで「縄文の名笛」を吹いて神の来臨を仰いだのではないかと加茂氏は推理している。

この「かぐら石」が自然物か人工物かという問題について結論はまだ出ていない。だが、加茂氏はその「造形の妙」から、シックイやタタキの技法によって造形した土塊を長時間、加熱（火焔で包む）して固めたものではないかと述べている。

だが、この位牌が岳には、さらに巨大な「竜神」がいる。それはこの山を水源とする須津川の中流の「大棚ノ滝」近くの現在キャンプ場になっているところの裏手の断崖が、蜒々二〇〇メートルの巨大な白竜を象形していることだ。岩壁自体が竜なのである。その東北の先端は位牌が岳を望む「竜頭」をなし、「胴体」は下りながら西南に曲って伸び、末端は次第に細くなって「竜尾」を呈している。また、「竜首」の下には長さ三メートルの巨石が「竜の足」を現わしている。竜身は全面一つ一つ区画された「鏡石」で構成されている。全体が「白」っぽいことから、加茂氏はそれを「白竜石」とよんでいる（なお、この須津川をはさんだ小麦石に「黒竜石」がある）。

これらの巨石は、愛鷹山の巨石群の一部でしかないが、それらもほとんど「竜」や「亀」にちなんだものである。そこから私は、この愛鷹山付近は、クニサズチ集団占拠以前の海人系の集団の聖域だったと解したい。

彼らは当時、愛鷹山の山麓にまで入り込んでいた駿河湾に上陸し、この山から古代湖と原始林のなかにポッカリ浮んだ白雪をいただく富士を眺め、また、背後の大海原から昇る太陽を崇拝するための祭壇を設けたということは大いに考えられることである。

そして――やがて彼らは富士山より流れ出る河川をさかのぼって山麓に移動したのであろう。クニサヅチ一行がこの愛鷹山に入ったのは、それよりかなり後《あと》のことだったものと思われる。

愛鷹山のピラミッド

竜神信仰と結びついた巨石《メガリス》を多く残す愛鷹山の位牌《いはい》が岳の山頂は、遠くから見れば、巨大な「三角錐」に見える。そこから加茂氏はこの位牌が岳を「全山とはいわぬが、少なくとも三角錐を呈するその山頂部は巨大な〝人首竜神〟を含めて石凝工法によって構築された一大ピラミッドに相違ない」としている。

古代世界の七不思議のトップにあげられているピラミッドについて、エジプトや中米の場合は、いつ、だれが作ったかは、だいたい分かっている。だが、なぜ、いかにして作ったかは、依然として謎である。

それは「王者の墓」であり、「天体観測施設」であり、「食糧、種子貯蔵所」（ヤコブの穀倉）であるなどといわれている。だが、私はそれは本来「太陽の神殿《サン・テンプル》」だとするのが正しいのではないかと見ている。

この「太陽の神殿」は、かつて「日本のピラミッド」の発見者である酒井勝軍が、ピラミッドを「日来神宮《ヒラミット》」とよんだことと偶然かもしれないが対応している。すなわち酒井説では「ヒラ」とは「太陽神が天降る」の意であり、「ミット」とは「御堂」のことだという。

だが、率直にいって、この酒井説で、「ヒラ」＝「太陽神の降臨」はともかく「ミット」＝「御堂《みどう》」論は、どうみても無理かと思われる。「御堂」ということばは、ふつう仏教渡来以降――平安時代の「寺院」の美称とされているのだから。

だが、竹内文書の「日来神宮《ヒラミット》」自体は誤りではない。それは明らかに「太陽の神殿《サン・テンプル》」の意であるから。

私見をあえてつけ加えると「ヒラ」は、日本列島先住民の「ヒ」（一族）に複数（集団）を表わす接尾語の「ラ」を加えたもので、「ミット」とは「瑞の戸《ミット》（門）」の意ではあるまいか。つまり、ヒ一族の太陽の門＝拝殿ということになる。したがって日来神宮《ヒラミット》とは、太陽信仰集団の神殿であり、そのもっとも古い形態は太陽を拝むための「山」そのものだった。あるいは

何を意味するのか？　三角石

「山」に神の来臨する場を人工的に築いたものだったのだろう。

日本列島の場合、かつて神社、つまり「社《やしろ》」は「杜《もり》」であり、古代「山」を「モリ」とよんでいたことからすれば、つまり神社の原型を「山」だったとする酒井勝軍説は、それほど奇妙なものではない。

エジプトや中米、それにメソポタミアなど、適当な「山」がないところでは、人工石造の巨大な「山」（太陽の神殿）、つまりピラミッドやジグラッドを造ったということになる。

こうした文脈で日本のピラミッドを考えると、愛鷹山の位牌が岳ピラミッド説は、あながち無理ではない。しかも位牌が岳には、酒井勝軍のいう日来神宮《ヒラミット》としての条件、つまり巨石群《メガリス》もあれば、近くに方位石もあるし、天

点線状の刻印がある注縄石

の御柱とよばれる巨石《メンヒル》もある。

　なお、愛鷹山の位牌が岳に向かう山道の岐路には、郷土古代史の研究者である大森忠裕氏が発見した多くの「三角石」が立っている。

　これらの「三角石」は、位牌が岳（ピラミッド）の奥院（日来神宮）の方向（所在）を指示している超古代的遺跡であると私も大森氏から直接うかがった。なお、この「三角石」の「三角」は「竜神」の「鱗《うろこ》」が三角形であることにちなむというのが同氏の説でもあった。

　また、この「竜神」を「注《しめ》縄《なわ》」で示した「注縄石」というものがある。これも写真で見れば一目瞭然、人工的なものであるが、この石の「穴」はそこから万物のエネルギーの源泉とされる太陽の光を吸収するためのものと解釈されている。

なお、私も大森、加茂の両氏に案内されて愛鷹の巨石群を見ての帰途、この石のある祓石稲荷明神の境内に立ち寄ったとき、そばを流れる幅四〜五メートルの渓流のなかに、この「注縄石」があったことを大森氏が発見された。それが前ページの写真である。

V章　富士高天原の没落

ウガヤ朝の崩壊

ウガヤ朝の成立によって、高天原（日本列島の政治の中心）は富士山麓から、九州の切枝間《きりしま》山――日向高千火峯――に移った。富士山麓の旧高天原は「天都」とされ、切枝間山麓の新高天原を「神都」ということになる。だが、その名称はともあれ、旧富士高天原の衰退はおおうべくもなかった。

以後、人皇五十一代、皇后摂政二十五代、計二七四一年ウガヤ朝が存続したと『神皇紀』は記しているが『開闢神代暦代記』ではウガヤ朝五十一代（摂政はその代に数う）、二七五〇年としている。

だが、繰り返すが弥生時代が二七〇〇年以上も続いたはずはない。そこから私はⅢ章で述べたようにウガヤ朝の大部分は大陸時代の記憶に属するものとしたわけである。いいかえれば、ルーツはともに西アジアの高天原にあった二王朝が一方は日本列島でタカマガハラの世、トヨアシハラの世を開き、他方は大陸を漂泊しながら独自の王朝（フキアエズ朝）を形成していたということだ。そして、トヨアシハラの世の末期に、ウガヤ朝が渡来、みずからを正統として日向高千火王朝を開いたという構図である。

したがって、日本列島内でのウガヤ朝は一代かぎりであった。だが、初代ウガヤフキアエズの在位期間は二七七年という。神話ならともかく歴史では、一人の人間が三世紀近くも元首として君臨できるはずはない。かりにその半分としても（一年二倍法）、超長期間である。ということは、ウガヤ神皇の治世が、長期におよんだという意味であろう。いずれにしても、それは前王朝の富士王朝を伝説化するに十分な程度の期間であった。

だが、いかに強力な政権もそれだけ長期にわたると、必ずトラブルが発生する。宮下文書によれば、ウガヤ朝五十一代神皇、つまり、この王朝の最後の神皇のとき、全国的な規模の大地震（大異変）が起こって天下が騒然となったとあるが、これはウガヤ神皇末期のことであろう。

ウガヤ神皇は、この大異変が起こる少しまえ、地方行政制度を改制し、大国十八州に「初世《はせ》太《た》記頭《きかしら》」を、中小国四十八国に「国守令」を、そして小小国に「郡司令」を、小村に「長庄」をそれぞれ置くことにした。

軍事も、いわゆる国民皆兵制をとり、神皇を「元帥」とし、東西南北に「副帥」を置いた。人民は二十五〜四十五歳までの男子で心身障害者、病人をのぞくすべてが「軍神兵師」に組み入れられた。そして、諸穀物をはじめ、草木の実、鳥獣魚類の「現在高の十分の一」を軍用として備蓄することにした。

そして、神皇がヤレヤレと思っていたとき、全国的規模の大地震が発生したのである。地震は六月に起こり、全国の山岳は崩潰し、大地はいたるところ亀裂を生じ、その割れ目から「黒泥」が噴出した。もちろん、原始的な家屋はほとんど倒壊したであろうし、穴居住宅も潰滅し、死傷者は膨大な数にのぼったはずである。また、局地的洪水によって、押し流された人々や財物も無数というところか。

だが、余震もおさまって、さて……というとき、つまり八月に入ると「烈しき暴風」つまり台風が来襲し、農作物が全滅した。しかも翌年は霜雨《りんう》（長雨）が続き、麦作も「黒麦」となり大不作だった。つまり日本列島は、トリプル・パンチを蒙ったわけである。

そこで神皇は、まず「身を以て天つ神を祭らせ給い」次いで数多の皇族を従えて「四方の国中を巡幸」、飢餓《きが》に苦しむ人々を慰撫激励するとともに、被害が少なかった「泰強農神」の手持ちの穀類を徴発して、「貧農神」に与えることにした。また、草木の実や根、木皮の食べ方などを教え、飢餓による難を免かれるよう配慮した。

中国で天子が天を祭るのは、その治下の人民にかかる災害が及ばないようにとの祈願である。にもかかわらず、このような不幸が人民に及ぶのは、天子の不徳のいたすところとされ、そこから「易姓革命」が合理化されることとなる。

また、神皇が、災害救助のため、もてる者から徴発した物資を、持たざる者に給与したことは、一方からは感謝されるだろうが、一方からは恨みを買う。また、その徴収と配分が、人々をすべて納得させるだけ公平であったかどうかも疑問である。

かくして、ここに革命の条件が出そろってきたわけである。つまり、災害の原因を神皇の不徳のいたすところと見る世論と、災害処理のさいの強引な手段による不平不満とが合体して、やがて全国的な叛乱へと成長してゆく。だが、その根底にはウガヤ神皇が行なった新しい地方行政制度や軍事制度に対する民衆の反発以外に、原、先住民族の征服王朝に対するうっせきしていた反感が横たわっていたと私は考えている。

日高佐野王命の登場

叛乱の当初の主謀者は、真佐野勝彦命《マサノカツヒコ》であった。彼はウガヤ朝四十六代神皇の皇子の玄孫であったという。彼は禍津亘理彦命《マガツワタリヒコ》によってかつぎあげられたとあるが、この禍津亘理彦命は禍《マガ》津《ツ》空張《カラハリ》命の二十一世の孫だという。だいたい「禍津《マガツ》」などという名をみずから名乗る人物はいないだろうから、これは当然、体制側からの命名であろう。

ともあれ、彼らはひそかに「白木《シラキ》国」（新羅）の軍司と相談し、木山（紀ノ国か）の初世太《はせた》記頭《きかしら》である長髄彦《ナガスネヒコ》を総大将とし、数十名の賊将と四方の強農神と連合して、中国地方を根拠地として多くの軍勢（農強賊）を集めて、神皇を攻め亡し、全国を吸収しようと計画したと文書は伝えている。

この情報はウガヤ朝の知るところとなり、叛乱の首脳が「皇胤真佐野勝彦命」であるというので「挙朝愕然《がくぜん》」としたという。そこで、さっそく、これら「荒振神《アラブルカミ》」を「言向《ことむ》け」しようということになった。その対策会議は二十一日間続いたというから、さぞかし議論百出したのであろうが、その対応のまずさが目につく。

このようにウガヤ朝廷がモタモタしている間に、叛乱の規模は全国的なものとなっていた。そのため、まず水軍の出動となる。軍船二六〇隻を動員して、それに兵士を満載し、本州の各地に上陸させ、革命軍（叛乱軍）を分断しようという作戦である。

まず「六津《ムツ》」（陸奥《むつ》）に軍船十二、兵三千を派遣、去就のまだあいまいだった本州の北半の初世太記頭《はせたきがしら》に圧力を加えた。

次に、九州にもっとも近い「南海」（四国）に軍船十五、兵三千五百を派遣、その地域の初世太記頭を自派に引き入れた。

また「南海」から軍船十二、兵三千を東海地方に派遣、上陸後信州以西近江以東を制した。

皇子三毛野入野命は軍船十四、兵三千を率いて四国の伊予《いよ》に到着、部将を本州に送った。

皇太子五瀬《イツセ》命は、軍船八、兵二千でもって叛乱の本拠に近い「針美」（播磨《はりま》、美作《みまさか》）に上陸した。荒天（大風）に悩まされながらも、現地の初世太記頭のオフィスに入り、木山（紀伊）、山表（大和？）、山背（山城）、川津（河内）の四大国に勅命を伝達させようとした。だが、その四大国と泉津（和泉）の責任者は叛乱軍にすでに殺されていたことが分かった。

皇子日《ヒ》高《タカ》佐《サ》野《ノ》王《ノ》命は軍船十一、兵二千とともに山陰地方に向かった。叛乱軍の本拠を背後から攻撃しようとしたわけである。

一方、叛乱側の軍事総司令の長髄彦は河内の高座山に要塞を築き、そこで全軍の指揮をとっていた。彼は戦況が次第に悪化しつつあることから「白木人（新羅）」の参謀と相談し、ゲリラ戦を行うことにした。

そのゲリラの網にかかったのが五瀬《イツセ》命である。皇太子が孔舎衛坂にさしかかったとき、伏兵が皇子めがけて一斉に矢を放った。それにひるんだ皇太子軍が浮足立ったとき、長髄彦がみずから軍を率いて追い討ちをかけた。

五瀬命は苦しまぎれに、叛賊よ、おまえは何者だ！　と叫んだ。長髄彦は、自分たちの総大将はアマテラスオオミカミの玄孫、火明《ホアカリ》命の遠孫の富明彦命で、この中津国《なかつくに》の「国主」であると答えて、証拠として「弓矢」を示した（ただしこれは哮峯《イカルガミネ》に祀られている火明命の神体を盗んできたものだと文書は述べている）。

そこで五瀬命は、その証拠は盗品だとして怒り、また戦闘が再開され、ミコトは重傷を負って退いた。そしてやっとの思いで難波まで還ってきたが、結局戦傷死した（快方に向かっていたが、大酒を呑み酔っているところを、何者かに刺され、結局、死んだという）。

皇太子の死を聴いて人皇はいたく驚き、すぐ駆けつけようとしたが、その行路は依然、叛乱軍に抑えられていたためどうにもできなかった。ようやく東国の兵を動員して西に向かわせたが、五瀬命の死によって空位となった皇太子の座に第四皇子の日高佐野王命を立てた。そして人皇は自軍苦戦のうちに陣中で病死する。だが、臨終のきわまで、亡き皇太子五瀬命に会えなかったことを恨んでいたという。

人皇なきあと皇后が摂政となった（十四年間）。そして摂政神后が没してから皇太子日高佐野王命が即位、「人皇第一代神武天皇」となったわけである。

なお、佐野王命の二人の兄、三毛野入野王命《ミケスイリヌノ》と稲飯王命《イナヒノ》も、長髄彦の艦隊と戦って海の藻屑《もくず》となっていた。

だが、新皇太子（のちの神武天皇）は、五十一代神皇が亡くなったとき、なぜすぐ即位できなかったのだろうか？　つまり皇后摂政ということになったわけだが、叛乱軍と一大決戦を展開しているとき、女性が最高元帥として適任であったかどうか、と考えてゆくとやはり一つの謎である。

私は、皇后は、この新皇太子の即位に反対だったのではないかと考えている。つまり皇位を佐野王命に嗣がせることは、ウガヤ朝の滅亡であることを知っていたのではないかということだ。

とにかく三人の皇兄が、そろって戦死したことから、佐野王命が皇位継承者になったわけだが、その三人の死亡のいきさつにも疑問がある。そのことを女性の直感で皇后は知っていたのかもしれない。それが、佐野王命の即位に待ったをかけ、とりあえず自分が摂政になった動機であろう。

事実、佐野王命は即位後「神皇」ではなく「人皇」とよばれているが、これは、ウガヤ朝の皇統の断絶、新王朝の創始を意味している。つまり高千火王朝はここに滅びたのである。

神武対長髄彦

結果論からいえば叛乱（革命）を起こした真佐野勝彦命《マサノカツヒコ》が敗れたため、その背後にあった禍《マガ》津《ツ》亘《ワタ》理《リ》彦《ヒコ》命、また直接行動（武闘）を担当した長髄彦《ナガスネヒコ》は、逆族ということにされている。そして奇妙？なことに、叛乱を最初に計画した亘理彦命が、その名に凶々《まがまが》しくも「禍津《マガツ》」の二字がつけられており、また、長髄彦は「命《ミコト》」の字さえ省かれているのに対して、皇胤であるという理由からか、真佐野勝彦命には別にそうした卑称、蔑称はつけられていない。

また、真佐野勝彦命という名も面白い。自分こそ真（本物）の佐野彦命（つまり神武天皇と同じ名）であり、しかも勝つべき存在であることを示しているのだから。

それだけに日本列島の大部分が、この叛乱軍の正統性を支持したのかもしれない。だが、神武は一枚うわてだった。彼は、信州、越州、東海の国津神系の初世太記頭をはじめ、出雲、丹波、播磨などの初世太記頭層を抱き込み、叛乱軍を分断、次第に追いつめていく。

これらの国津神系の地方指導者が神武側についたのは、ウガヤ神皇死亡後であり、そこにはウガヤ朝に対する彼らの積年の怨恨が作用していたからであろう。つまり、神武は反体制的な地方指導者を抱き込むことに成功したわけだ（このこともまた、神武の非ウガヤ系的性格を物語っている）。

そして、神武はまず当面のライバルである真佐野勝彦命を討ち、次いで禍津亘理彦命を殺した。残るは長髄彦だけである。長髄彦軍は強かった。その強さは日本列島の先住民の支持からきたものだと私は考えている。

そこで、とうていマトモに戦っては勝てそうもないとなったとき、神武に残されたのは謀略である。長髄彦の有力な要害である磯城邑《しきむら》を攻略するため兄猾《エウカシ》と弟猾《オトウカシ》をまるめ込んだり、兄《エ》磯城《シキ》と弟磯城《オトシキ》を兄弟げんかさせたり、鮮かである。ちなみにウカシとはアイヌ語で長老の意である。

文書では、まず長髄彦を「実は白木人なり」とし、それと好みを通じるのは「国賊」（つまり民族の敵）であると神武が「詔《の》り給いき」とある。この宣伝で、彼は長髄彦支持集団と原、先住民とのあいだにクサビを打ち込んだわけだ。次に長髄彦の主要部将を一人ずつ狙い討ちして裏切らせる。熊野の実力者高倉下《タカクラジ》に対しては、その祖先の高皇産霊神《タカミムスビ》を引き合いに出して武器を提供させ、長髄彦の妹と結婚していた火明《ホアカリ》（ニギハヤヒ）の子の甘美真遲命《ウマシマジ》をまるめ込んだ。

そして、最後の決戦の最中、長髄彦はこのウマシマジの決定的な裏切りによって敗れたのである。神武としては海戦で敗れ（二人の皇兄の水死）、制海権を失っていたから、文字通り背水の陣であったのだ。それだけに、このウマシマジの裏切りは有難かった（そのことが、その子孫の物部氏の古代天皇家に対する強大な発言力となる）。

さて、文書では、ウマシマジの裏切りで絶望した長髄彦が自殺したとされている。国史大系本でない『先代旧事本紀』が伝えているように彼は、再起を期して東北方面に逃れたというのが真相であろう。『東日流外三郡誌』は津軽亡命を伝えている。

さて、ここで神武は「人皇」として即位し、新たに王朝を創始するわけだが、一つだけ、古史古伝研究者も注意を払っていない彼の名前について考えてみたい。

それは、神武の幼名の「日高佐野王《ヒダカサノノ》命」である。

この「日高」とはどういう意味か？　ちなみに、第五十一代ウガヤフキエアズの四人の皇子のうち、この「日高」がついているのはのちに神武天皇となった佐野王命だけである。したがって私は、この「日高」は、神武の幼名などではなく、彼が長髄彦と対決したときにみずからつけたものだと考えている。

すなわち、この「日高」とは、日本列島先住民にとって、もっとも誇り高い呼称であり、いわば、日本列島における自分たちの存在証明というべき大切な名称である。そこで神武は、自分の名にこの「日高」の二字を冠することによって、自分は先住民を制圧してきたウガヤ朝とはまったく別種の存在なのだ、いや、むしろ先住民系であるのだから、白木系の長髄彦よりも正統なのだということをＰＲしたかったのではないか。私は、そこでこの神武のなみなみでない知謀をうかがい見る。

では、なぜ、この「日高」が神聖な呼称なのだろうか。

「ヒ」と「ヒタカミ」

伝奇ＳＦ作家の半村良氏に『産霊山《むすびのやま》秘録《ひろく》』という作品がある。半村氏はこの作品で第一回「泉鏡花賞」を受賞したが、それはそれとして、私はこの作品の連載第一回を「ＳＦマガジン」

（昭和四十七年四月号）で読んだとき、私なりの衝撃を受けたものである。

それは、最初の「見出し」が「神変ヒ一族」とあったからである。しかも、その一族は高皇《タカミ》産霊《ムスビ》神の後裔であって、かつては天皇家よりも「上位」にあったという。実は、この「ヒ」一族こそ、私がかねて日本列島の先住民としてマークしていた集団だったのだ。

それだけに、私はこの現代の語部《かたりべ》の異能に感嘆し、作者まえがきの「神統拾遺《しんとうしゅうい》」なる秘本の実在性について一瞬、信じかけたくらいだった。

だが、その物語《ストーリイ》の展開につれて、この「ヒ」一族が、歴史のある時点から、天皇家直属の忍者集団（勅忍）であったという作者の想定に、率直のところ、ガックリしたものである。つまり「SF作家よ、汝もか！」というよりも、語部《かたりべ》はあくまでも語部であり、体制側の巧妙なコミュニケーターつまり「嘘部《ウソベ》」でしかないのか、という慨嘆に似たものだった。

だが、半村氏の作品とは別に、「ヒ」一族は存在していた。それは、無頼派文学のエース坂口安吾の「飛騨・高山の抹殺」（『安吾新日本地理』）を読み、飛騨に関心を抱き、その語源などについて調べたときの副産物として分かったものである。

つまり現在の岐阜県の北部は、むかし飛騨《ひだ》（斐太とも書く）の国とよばれていた。十世紀中ごろ成立した日本最初の百科事典『和名抄《わみょうじょう》』には「比多《ヒタ》」と訓注されている。

この地名の語源について、民俗学者柳田国男の実弟で言語学者の松岡静雄は、それを「夷《ヒナ》」

の転呼としている。山間の僻地《へきち》で久しく夷人《ヒナビト》が占拠していたことから「夷《ヒナ》」の国とよばれていたが、それが「ヒタ」の国、さらに濁って「ヒダ」の国となったのだろうというわけだ。

では、その「夷《ヒナ》」であるが、これは種族名の「ヒ」に接尾語の「ラ」（おもに人間を表わす体言について複数であることを示す）をつけた「ヒラ」の転呼である。とすれば、その「ヒ」とはどのような集団だったのだろうか？

松岡によれば、この種族「ヒ」は、「キ」（紀）やアマ（海人）族よりも、さきに日本列島に渡来した種族だという。彼らは、さらに先住の「コシ」（越・高志）人を征服したが、自身もまた、新来の種族に圧迫され、一部は同化し、一部は列島を東、北方面に移動したという。

彼ら（ヒ人）の居住地域は、かつては「ヒの国」とも称されていたが、「ヒタ」に場所を意味する接尾語「カ」をそえて、「ヒタカ」（日高）、さらに「ヒタ」に族長の称である「カミ」をそえて「ヒタカミ」（日高見）などという地名も生じたわけである。

このように「ヒタ」「ヒタカ」ないし「ヒタカミ」は、地理的名称であったが、同時にそれは、その地域の「ヒ」一族の支配をも示す歴史的名称でもある。南は九州、壱岐、対馬から中国、近畿、それに中部、関東、東北、さらには北海道にかけて現在も多く残る「ヒ」関係の地名（たとえば日田、日高、日高見、日野、火野、常陸《ヒタチ》、信太《シダ》〈ヒがシに訛る〉、志田《シダ》など）を追ってゆけば、「ヒ」一族支配地の移動の軌跡をたどることになるだろう。つまり、これら

「ヒ」関係地名は「ヒ」一族の移動を示すマイル・ストーンなのである。

なお「ヒナ」にふつう「夷《ヒナ》」とか「鄙《ヒナ》」という字があてられ、「ヒタカミ」に拠っていた一族に「蝦夷」という字があてられるようになったのは、漢字渡来後、いいかえれば漢字とともに当時の支配者層に中華思想が入ってから以後のことである。また、体制側に圧迫され、山間僻地に逼塞《ひっそく》させられたことも、このような卑字をあてられるのにあずかっていただろう。

だが、本来はヒ、ヒナ、ヒタ、ヒタカ、ヒタカミなどの呼称は、先住民の栄光を表わす呼称だったのだ。つまり「ヒタカミ」（日高見）は日本列島の美称であったのである。その美称をそっくりいただいたのが延喜式の大祓《おおはらい》の祝詞《のりと》の次の一節である。

「大倭日高見之国《オオヤマトヒタカミノクニ》ヲ安国《ヤスクニ》ト定メマツリテ……」

それだけ征服者（王朝）にとっても、この「ヒ」一族の存在は無視できなかったのである。つまり、神武天皇がカンヤマトイワレヒコと名乗るまえに、「ヒタカサノミコト」と称したことは、彼の革命戦争のプロパガンダとして大きな効果をもっていたことになる。

先住民王朝の成立と崩壊

神武から十一代垂仁天皇までの宮下文書の記述は別にどうということはない。ただ、諸国に

「国賊の残党」が反乱を起こしたという記事が注目される。

この「国賊の残党」とは、いうまでもなくウガヤ朝滅亡の原因となった長髄彦の抵抗（反乱）軍の「残党」のことである。

神武在世時は、それこそ地下に潜《もぐ》っていたわけだが、二代綏靖《すいぜい》の代から歴代、その叛乱が起こっている。なお、この二代の即位のさいもトラブルがあった。それは皇太子神渟名川耳命《カミヌナカワミミ》と、その兄の手研耳命《タギシミミ》（神武の先妻の子）とのあいだの対立である。

この綏靖のとき、まず東北の国々で「残党」が蜂起した。天皇みずから中国の兵を率いてこれを討ったとある。なお、この叛乱平定まで七年かかったというから、相当の規模のものだったのだろう。

三代安寧《あんねい》のときにも、また東北で「国賊」が叛乱を起こした。このときは天皇の親征はなく、東国の四人の将軍に命じて討たせたが平定まで九年を費やしている。

四代懿徳《いとく》のときは、尾岐（隠岐）、佐渡の両島に潜伏していた「国賊の残党」が北陸地方に侵入したとある。この乱は解決まで七年かかっている。このように小さな島の「残党」であるにもかかわらず、その鎮定に七年もかかったということは、北陸地方にその「残党」を支持、合流した人が多かったということだろう。

五代孝昭のときは、「東南の島々」に潜伏していた「国賊の残党」が大挙、東海地方に乱入した。このときは天皇みずから「南西の兵」を率いて東征、十五年！　にして解決したという。この「東南の島」とは具体的にどこを指すのか。伊豆七島なのかもしれない（「大挙、東海地方に乱入」とあるから）。だが、十五年も続いたということは、たんなる局地的な蜂起などというものではなく、立派な叛乱である。伊豆七島の「残党」が本当に「大挙、乱入」などして、このような大内乱を引き起こせるかどうか？　疑問である。

六代孝安のときは、九州で「残党」が挙兵している。これも天皇が出掛け、平定までに三年七カ月かかったという。

七代孝霊（徐福来日）のときは、こうした叛乱の記録が珍しくない。だが凶作や地震があって四民困窮したとある。また富士山が噴火した。そして天皇の枕下に白衣のコノハナサクヤヒメが立ったことから、天皇は富士高天原を軽視されていたことを悔い、改めて山麓に行幸になったという。

八代孝元のときも叛乱記事はなく、豊穣天下泰平であったという。

九代開化のときも同じだ。彼は皇后とともに諸国巡幸十三年、原野山沢の開拓に熱心であり、また豊作が続いたからかもしれない。

十代崇神のときは凶作と疫病とで社会騒然となり「盗賊蜂起」して「海内恟々たり」とある。そこで四道将軍の派遣となるわけだが、やはり叛乱が起こっている。それは「出雲」であった。

さて、ここで注目すべきは、まず孝昭天皇のときの十五年の大動乱である。これは「国賊残党」の叛乱というよりはむしろ、私は神武朝とは別系の孝昭王朝成立の革命戦争ではなかったかと考えている。次は孝安、孝霊天皇のとき、九州で内乱があったが、これは神武系の叛乱だったのではないか。孝元、開化天皇のときは、この種の内乱は起こっていない。つまり、孝昭王朝こそ、この「国賊残党」集団が樹立した王朝ではなかったか？

また、孝昭王朝の歴代天皇が、富士高天原に対して孝霊のある時期を除き厚く敬意を表し、いわば朝廷と富士側との蜜月状態が続いていることも、この十五年の叛乱、内戦——革命と無関係ではあるまい。

ということは、富士高天原こそ二代綏靖《すいぜい》以降、各代ごとに必ず起こっている「国賊残党」の叛乱の黒幕ではなかったかということ。第二に、孝昭王朝こそ「東日流外三郡誌《つがるそとさんぐんし》」に示唆的に記されている荒吐《アラバキ》系王朝、つまり「国賊」の長髄彦系の王朝であり、孝昭の天皇位奪取（あるいは奪回）にさいしては、高千穂高天原成立以降、また神武天皇即位以後も、依然として疎外されていた富士高天原の支持があったのではないかということである。

だが、この先住民系の孝昭王朝も、渡来系の崇神によって滅亡した。文書の「崇神記」にある「盗賊蜂起云々」は、王朝交替戦争の余燼《よじん》か、あるいは孝昭系残党のレジスタンスであろう。したがって崇神天皇が派遣した四道将軍は、崇神王朝の、原、先住民に対するいわば武力示威行動と見てよい。

なお、崇神は富士高天原勢力の弱体化を計るため、天都の麻呂山《まろやま》からアマテラス大御神の神霊を大和の笠縫《かさぬい》の里に遷しただけでなく、阿祖山太神宮から「三品の大御宝」（皇位継承のしるし）をも持ち出した（奪い去った）。

いうまでもなく、この「三品の大御宝」はウガヤ朝も神武朝も神聖視して、あえて手をふれなかったものである。それだけに、富士高天原の憤りは大きかったのだろう。その後、国内に飢饉や疫病が起こり、また治安が乱れたと文書はひかえめながら述べているが、このことはまた、原、先住民の神々を粗略に扱ったため、それらの災害が起こったとして記紀にも示唆的に記されている。

三品の大御宝を奪った崇神天皇

天津日嗣のしるし、つまり皇位継承のしるしとしての「三種の神器」は有名だ。

それに対して、宮下文書には「三品《みしな》の大《おお》御宝《みたから》」というものが記されている。

これは、トヨアシハラの世、第一代アマテラスのとき、スサノオが献上したものであり、タカマガハラの代々の神を祀る阿祖山太神宮の神殿に納め鎮められていた「三種の神器」だという。

　これは、スサノオがアマテラスの神勅（命令）により、手名都知《テナツチ》命、足名都知《アシナツチ》命に命じて、金山毘古《カナヤマヒコ》命を師として製作した「室雲《ムラクモ》の剣《ツルギ》」「八太羽《ヤタハ》の鏡《カガミ》」「宝司《ホス》の御霊《ミタマ》」である。

　室雲の剣は、いわゆる天叢雲剣《アメノムラクモノツルギ》で、のち草薙《クサナギ》剣とよばれ、八太羽の鏡は後世の八咫《ヤタ》鏡、宝司御霊はいわゆる八坂瓊曲玉《ヤサカニノマガタマ》とよばれたものとある。

　まず剣であるが、記紀ではスサノオが八岐大蛇《ヤマタノオロチ》を退治したさい、その尾の部分から取り出したとされている。これは、明らかにオリエント、ヒッタイトの鉄神話と同じパターンであるが、宮下文書では、スサノオに大蛇退治をしてもらったテナツチ、アシナツチという国津神が、金属精錬神であるカナヤマヒコから教えられた手法で製作したとしている。いずれの説話が古態か、といえば、記紀のほうかもしれない。だが、宮下文書の場合は、スサノオが製鉄部族の神であるという伝承ともうまく合う。また、スサノオがアマテラスの完全屈服したという文書の伝承ともうまく合う。

　さて、この神剣は「鉄に銀三分を和して鍛うること一百日」、まず八本を製作し、そのなかから「太占《フトマニ》」で選んだ一本である。その名称は出雲の簸川《ひのかわ》（八岐大蛇を退治した場所）の「上《かみ》室《むろ》」というところで製作したことから生じたという。

　次に神鏡であるが、これは金と銀との合金を二十一日間鍛えたもので、日輪（太陽）の形に、八本の御剣を加えて「八角花形」に製作したものとされる。「内《ない》侍所《じどころ》の御鏡」ともいうが、その名は、御鏡の安置場所からつけられたものだろう。

最後に「御玉」であるが、これは金を二十一日間鍛え、蓬莱山高地火《タカチホ》の峰の形に作り、それを月輪（月）の形をした銀製の台のうえに安置したものという。つまり、私たちの抱いている「曲玉」とはちがったイメージのものであるが、これは代々の天津神の「神霊」のよりしろとされたものである。

さて、アマテラスは、この「三品」をもって、天津《アマツ》日嗣《ヒツギ》の大御宝とし、子々孫々、天津日嗣の御位につくときは、太神宮の神殿で、この「三員の大御宝」を拝して即位式を挙行するように定められたという。

このアマテラスの定めた皇位継承（即位）のさいの象徴的儀式は、高天原が九州の高千穂山麓に移ったときも踏襲された。また、神武朝になってからも踏襲されるはずであった。たしかに第十代崇神天皇の即位までは、この儀礼が行われたが、この崇神五年に、彼は大和の笠縫の里に「新宮」を建て、この「三品の大御宝」をそこに移動したのである。

富士高天原の没落は、この崇神の「三品の大御宝」の移動（奪取）によって決定的となったといってよいだろう。以後、富士側の「神都復旧」運動（武闘をともなった）がひんぱんに起こることとなる。

なお、この「三品の大御宝」の移動（所有者の交替）が、皇位継承権の移動（交替）と平行《パラレル》的であることは、後世の南北朝の動乱時にも生きていた。

私は、この事実から、次のような仮説を立てている。すなわち、スサノオがアマテラスに「三品の大御宝」を奉献したということは、高天原ないし豊阿始原の中津国の支配権を、アマテラスに奪われたということではなかったか。そして、これらの金属器の存在こそ、アマテラス朝の年代推定のきめ手となるはずだ。また「三品の大御宝」は皇位継承のしるしであるということは、たとえば合法、非合法を問わず、高天原《タカマガハラ》ないし豊阿始原《トヨアシハラ》の中津国《ナカツクニ》という巨大な不動産の権利書を自己名儀とし、それを代々の子孫に遺産として相続させるということである。

ということは、もともと高天原も豊阿始原の国も、其の所有者（支配者）は、スサノオであったということである。宮下文書のこの「三品の大御宝」の条は、このような意味に解すべきではなかったか。

（とすれば、この日本列島の真の所有者は、原、先住民であるから、スサノオは、この原、先住民の祖神ということになろう。）

日本武尊の役割

崇神天皇のあとに即位したのが垂仁《すいにん》天皇である。そして垂仁の皇后の兄の狭穂彦《サホヒコ》が謀反をはかったが結局敗れたという事件が起こった。ふつう、この事件は皇后（狭穂姫《サホヒメ》）と兄との近親相姦で説明されているが真相はどうか。

文書によると狭穂彦、狭穂姫兄妹の母は、垂仁の父の崇神によって滅ぼされた孝昭系王朝最後の天皇開化の第二皇女である。とすれば自分たちの祖父を殺して天津日嗣を奪った崇神の子に対して狭穂姫自身、喜んで結婚したとは思われない。拒否できない天皇の絶対的命令によるか、あるいは兄の狭穂彦と話合いのうえ、垂仁暗殺、つまり復讐の機会を得んがため、垂仁に身をまかせたのではないか。だが、いったん夫婦関係が成立すると、女性の「性《さが》」というか、兄の狭穂彦とはちがい、垂仁自体に自然、愛情を抱くようになったのではあるまいか。姫はいったん兄を裏切るが、最後は包囲された兄のもとに行き、二人は包囲軍の火箭によって炎上した稲置のなかで抱き合って焼死する。

そして第十二代景行天皇の時代に入ると、天下は大いに乱れた。九州の「熊襲《くまそ》」、東国の「蝦夷《えぞ》」、また出雲にも反乱が起こった。そこで日本武尊《やまとたけるのみこと》の活躍となるわけだが、景行天皇自身も竹内宿弥を遣わして各地の状勢を偵察させている。とくに竹内宿弥の蝦夷地方の地勢、民俗についての報告は有名だ。また、文書によると景行天皇四十年、富士高天原の阿祖山太神宮の副宮守司長阿祖彦《アソヒコ》王なるものが、他の神祇の後裔（おそらく富士高天原系）四十八将とともに「神都復旧」を企てて叛すと記されている。

　ウガヤ朝の神都移転以来の、また孝昭系王朝に代る崇神王朝の「三品の神宝」奪取に対する不平不満がとうとう爆発したというところか。ちなみに、この阿祖彦王とは、国津神の最右翼ともいうべき大山祇神《オオヤマズミ》七十二世の孫であり、神代のむかしから代々、高天原の惣司令神であった。そして阿祖彦王の「軍司」には福仙、というから、おそらく徐福の後裔であろうが、就任し、ひそかに東北諸国の国造《くにのみやつこ》層に働きかけ、富士山麓で秘密会議を開き、一斉反抗を決議したわけだ。宮下文書では、さすがにこれを叛乱とか「国賊の残党」などとはいわず「神都復旧の義兵」と記していることも面白い。

　だが、この計画も、結論からいえば、日本武尊の東征によってみごと潰されてしまった。それでも当初は、軍師福仙の作戦よろしきを得て、日本武尊は山麓の草原におびき出され、火攻めと伏兵によって危く戦死するところだったが、例の神剣「草薙剣《くさなぎのつるぎ》」を振って危機を脱し、反対に阿祖彦王軍を壊滅させてしまったのである。

　家基都《かきつ》駅に拠っていた阿祖彦王配下の諸将も主将の戦死におどろき、寒川の橋を焼き落したりして防いだが、たちまち日本武尊は家基都駅を占領してしまった。

尊はここで十四日間、兵を休養させ、さらに東征を続けた。加茂坂を越え水市駅に出、加後坂（籠坂峠）から足加羅（足柄）山を経て佐賀見（相模）に出て、現在の三浦半島から千葉県に海路をとった。それは、現在の東京都内がまだ沼沢地帯であったため、軍の行動にいろいろ支障があったからである。

だが、海上で危難に遭い、妃の弟橘姫《オトタチバナヒメ》が海中に身を投じて海神の怒りを鎮めたため、九死に一生を得たという。おそらく、浦賀水道の制海権を軽視して、海上ゲリラに苦しめられたというのが真相だろう。また「海神」とは、つまり竜神、ホホデミ神皇の神后トヨタマ姫の父神である。竜宮勢力は、この景行天皇の皇子にふくむところがあったのだろうか。

ともあれ日本武尊は奥羽まで攻め込んだ。そうして各地で富士高天原側の現地軍を撃破し、やがて帰途についた。連戦連勝だったとあるがどうか。尊は富士山麓の中心地家基都《かきつ》駅に軍団の一部を駐留させ、大和帰還の途についたが、途中、伊吹山で悪天候に見舞われ、木の根につまずいて足を負傷したのが因《もと》で、能煩野《のぼの》で亡くなったと文書は伝えている。

これは、おそらく「義兵」残党のゲリラ戦で負傷し、それが原因で死亡したということだろう。

その後、景行天皇は愛する皇子、日本武尊を偲び、尊の戦跡を巡狩したとされているが、文書によれば、竹内宿弥が先導したという。おそらく、それは「叛乱軍」である「義兵」の戦犯処分を兼ねた軍事的示威行動だったものと思われる。

以後、富士高天原側からの反抗はしばらく見られなくなった。が、第十五代応神天皇死亡のさい、その動きが再燃した気配がある。つまり皇位継承をめぐる宮廷内の抗争が、この富士高天原にも「飛び火」したからである。

大山守命の叛乱

応神天皇には、皇位継承者としてふさわしいと考えられた三人の皇子がいた。

皇太子として天皇にもっとも愛されていた菟道稚郎子《ウジノワキノイラツコ》と大鷦鷯《オオササギ》皇子と大山守《オオヤマモリ》皇子である。この三者間で、皇位継承の争いが起こり、まず大山守命がウジノワキノイラツコとオオササギノミコトとの連合軍によって敗れ、ついでウジノワキノイラツコがみずから退いただけでなく自殺した。そこでオオササギが即位、仁徳天皇となったと日本書紀に記されている。もちろん、ウジノワキノイラツコが自殺までして、オオササギに皇位を譲ったなどという美談をマトモに信ずるかどうかはさておき、いかにも古代天皇家的な血なまぐさい説話である。

ところが宮下文書では、この皇位を狙って敗死したはずの悪役（不運な⁉）の大山守皇子が、生きている。つまり彼は、弟の政元彦（隼総別《ハヤブサワケ》皇子）とともに竹内宿弥の子の羽田矢代宿弥に導かれて福地《フジ》（富士）山阿祖谷におもむき、そこで「徐福学」を修業し、そのままそこにとどまり、阿祖山太神宮の大宮司福地佐太夫の娘と結婚、大宮司職を嗣ぎ、記太夫明仁彦と称したという。

つまり、大山守皇子は当初から皇位継承の争いなどには参加しなかったわけである。そして、応神天皇が「大日本山守部《オオヤマトヤマモリベ》」を制定したとき、その司配者に任命されたというのだ。

この大山守皇子が死亡せず（皇位継承戦に敗れたものの殺されず）、中央政治権力圏外の山守部の司《つかさ》になったという伝承は、漂泊の山の民「山窩《さんか》」にもある（小著『漂泊の民山窩の謎』新国民社）。また、山の民である「木地師《きじし》」の祖神伝説――五十五代文徳天皇の第一皇子でありながら藤原氏の圧力によって政治圏外に去り、山に入って木地師の祖神とされた惟喬《これたか》親王の悲劇――にも、この大山守皇子の伝承が投影されているようだ（小著『こけし作り木地師の謎』新国民社）。

だが宮下文書で興味があるのは、この大山守皇子を奉じて、富士高天原――神都復旧の謀反が行われたと記している点である。

なお、この叛乱の主体は武甕槌《タケミカヅチ》命、武御名方《タケミナカタ》命、天太玉《アメノフトダマ》命などの後裔の諸将で、その基盤は関東、中部地方であった。戦況はやはり東軍（叛乱側）の苦戦だったが、主将格の加志摩彦《カシマヒコ》がみずから大山守皇子と称、先頭に立って奮戦、どうにか総敗軍にいたるのを防ぎ、大山守皇子を佐賀見《サガミ》（相模）の大山に移住させた。

そこで反撃となったわけだが、こんどは戦況が逆転した。そのとき、勅使が単身、家基都《カキツ》に乗り込み、大山守皇子が「溺死」された以上（当時、大山守皇子は乱軍中、溺死したと信じられていた）、叛乱軍の責任は問わないと申し入れた。そこで講和が成立した。

これも、結局は勝利が一時的なものでしかないことを叛乱側自身も知っていたこと、また朝廷側でもウジノワキノイラツコとオオサザキとの間に皇位継承をめぐる緊張があったことから、休戦――講和となったのではあるまいか。

また、この叛乱が結果的に挫折したのは、当面の相手が、仁徳という偉大かつ強大な天皇として知られている人物であったこと。そして、叛乱軍の主体が、本来の先住民を代表する人々ではなく、もとをただせば天津神系であった人々であったこと――出雲系も若干いた――が決定的だった。

つまり、先住民系の多数にとっては、富士高天原の神都復旧という名目はともかく、応神天皇後の継承争い（内ゲバ）と見られていたということである。それだけに、この叛乱は尻つぼみになって、富士高天原側も結局は和平交渉に応じざるをえなくなったのではあるまいか（責任者の追求をしないという条件に動かされて）。

ただ、この大山守皇子が大山守部の司《つかさ》となったという伝承は、宮下文書の継承に大きな意味をもつのである。つまり、阿祖太神宮の神官グループがいかに頑張っても、その物理的な力はタカが知れている。その弱少なグループを保護し、文書を伝承させることを可能にさせたのは、時の権力者の気マグレ的な崇信だけでは困難である。

そこで当然、浮んでくるのはこの大山守部、つまり「山の民」の集団であろう。彼らは、初代大山守皇子から六十六代にわたって阿祖太神宮を経済的、軍事的に支えてきたのではなかったか。この、古史古伝の継承に果たした「山の民」の投割は、宮下文書だけでなく上記《ウエツフミ》、竹内文書の場合にも見られる。

南北朝エレジー

富士山麓に落ち着いた平和な時が流れた。

大山守皇子が大宮司に就任して以来、神都復旧の動きも収まった。そして富士高天原は時の流れとともに風化していく。

ただ、第二十二代大宮司宮下福地太夫元長のとき、つまり天智十年、中臣藤原物部麻呂という謎の人物が、「徐福伝」に、蘇我、物部両家の神代からの系譜など委細にわたって伝わっていることを聴き、不二山阿祖谷小室を訪れてきた。

彼は大宮司に請うて「徐福伝」の中の諸系図や記録を読み、それを「補足」したり、複写して下山した。このことが、現在の宮下文書の内容を決定したと見る私の立場については、次章で詳しく述べたい。

そして、桓武天皇延暦十九（八〇〇）年四月、富士山は大爆発した。そのため神代以来の神都であった高天原、小室、中室、大室をはじめ八〇キロ四方が「岩石世界」に変った。第二十七代大宮司宮下記太夫仁元は、部下の神官たちと古文書、宝物を護って、相模国の旧大山守皇子の領地跡に避難したことについてもすでに記した。また、四十九代宮下源太夫義仁が、文書を筆写したことについても記した。

富士山麓の神官グループが、久々？　に政治闘争に巻き込まれたのは、建武中興――南北朝時代に入ってからである。第五十七代富士（福地）三浦左京亮義勝は、藤原藤房、楠木正成らと密かに協定を結び、王政復古を期したという。彼の計画は、新田義貞を援けて北条執権政府を打倒するまではうまく運び、彼自身従五位、源太夫に任じ、越中守に補され、駿河、相模、伊豆三国の地頭を兼ねるようになった（「三浦越中守」という名はそこからきた）。

長慶天皇の墓

　だが、中興政府に内紛が起こり、征夷大将軍護良親王が失脚、鎌倉に幽閉されると、楠木正成は、親王の一子万寿王の身辺を心配、王子の身柄を義勝の館（小室の宮下家）に移すように計ったという。

　以後、南北動乱で、宮下家は南朝側に立って悪戦苦闘する。そのため五十九代宇津源太夫宗正のとき、足利氏から富士十二郷をはじめ太神宮の神領を没収されるにいたった。以来、太神宮の衰微はその極に達したという。

　この南北朝動乱に宮下家がコミットしたことが、同家ばかりでなく、太神宮の衰微を招いたわけであるが、そのことが南北朝を研究していた三輪義凞をして、この文書発掘に向かわせることにもなったわけである。

なお、この文書と南朝のつながりを具体的に示すものとして、長慶天皇の墓が、宮下家の近くの山にある。

長慶天皇は、南朝第三代帝であり、その即位自体も近世――水戸光圀の『大日本史』の考証――まで疑問視されていたくらいだ。それだけに、同天皇の陵墓と称するものは、全国各地にあり、各地の皇胤伝説のスターの一人となっている。それだけに、宮下文書の南朝関係の記述だけを根拠に現在の一九一ページの長慶天皇の墓（写真）をただちに本物と断定することはむずかしい。

ただ、この宮下文書と南朝との関係で私の興味をひくのは、南朝が「山の民」（修験者集団）や「海の民」（海賊集団）と提携することによって、いわゆる建武中興――王政復古の線を貫こうとした発想である。

後醍醐天皇の参謀である万里小路宣房、吉田定房、それに北畠親房といった公卿中でも抜群の知謀の人々が、はたして、マジメに、この被差別階級の解放を考えていたのだろうか？　という疑問を私は抱いている。武士でさえ軽蔑し、楠木正成の絶妙の作戦計画を退け、またあえて戦術的に不利と分かっていても楠木正行を平然として死地におくり込むドライな公卿が、これらの「山の民」や「海の民」に助力を求めたのは、よくよくの事だろう。もちろん、彼らとしては、これらの協力者は使い捨てだった。ただ、そのことに気がつかなかったことに、楠木氏はじめ、南朝側に立った人々の悲劇があったわけである。

Ⅵ章 宮下文書成立史

その「名称」が語るもの

宮下文書は、富士文書、徐福《じょふく》文献、神皇紀《じんのうき》などともいう。また富士高天原朝史とよぶ研究者もいるし、開闢神代暦代記《かいびやくじんだいれきだいき》とよび、寒川《さむかわ》文書とよぶ人もいた。そして、それぞれの名称はこの文書の内容、成立、継承、公開の過程を端的に物語っている。

たとえば本書が採っている宮下文書であるが、これは阿祖山太神宮（富士太神宮）の大宮司を代々つとめてきたという富士山麓——富士吉田市大明見《おおあすみ》の宮下家（当主宮下義孝氏）に保存されている古代文書であることからの名称である。

次に富士文書（または富士文献ともいう）とは、この文書の内容、成立、継承について、富士山が大きな役割を占めていることからの名称である。

また、徐福文献とは、もともと木片や竹、石面などに神代文字（古代和字）で記されていたこの文書の内容を、漢字で筆録したのが、秦《しん》の始皇帝（前二五九〜前二一〇）に仕え、東方の霊山（蓬萊山《ほうらいさん》）に不老不死の霊薬を求めて渡来した方士徐福であったという伝承からの名称である。

神皇紀とは、明治から大正にかけて約三十年にわたり、この文書を研究した三輪義凞《みわよしひろ》（一八

開闢神代暦代記の冒頭

六七～一九三三）が「精査編集」して大正十（一九二二）年に出版した書名である。文書の研究者で宮下家保存原本の写しを所持されている渡辺長義氏（山梨県文化財保護委員）の証言によれば、神皇紀は内容の点においてほぼ完璧に原文書の面影を伝えているという。また、現在宮下家に保存されている原本（鎌倉時代写本）が一般に公開されていないことから、ふつう宮下文書といえば、この神皇紀（初版一九二二年）をさしている。

なお、富士高天原朝史とは、古史古伝研究の第一人者である吾郷清彦氏の命名であるが、これは、この文書の内容が太古代、富士山麓に栄えた高天原王朝（富士王朝という人もいる）の興亡史であることにもとづく。

最後に、開闢神代暦代記とは、富士の阿祖《あそ》山神宮（富士太神宮）の宮司であった宮下源太夫義仁《げんだゆうよしひと》（鎌

開闢神代暦代記の本扉

倉時代の武将三浦義明の孫にもあたる）の子孫でもある三浦一族会の岩《いわ》間尹《まただし》が、相模《さがみ》の一ノ宮の寒川神社に保存されていた（富士山噴火のさい焼失をさけるために分散されていたもの）文書を、調査、研究し、戦後、独自に編集、出版されたさい（初版一九六八年）の書名である。ちなみにその書名は原文書のいわば第一巻開闢神代暦代記をそのまま転用したものだ。神皇紀を「三輪本」というのに対して、この岩間本を「寒川文書」とよぶ場合があるが、これは前述のような経緯で寒川神社神庫に保存されていたと称される文書をもとにして記されたもの、ということからの名称である。

だが、私の調査によると、岩間本の原本は、大明見の宮下家のものと同一であり、ただ内容の配列、史実の選択、現代語訳などに三輪本（神皇紀）と若干の相違がある程度である。

なお、宮下、渡辺両氏の私への談話によると、岩間自身は戦後、宮下家をしばしば訪れ、同家保存の原本を丹念に読んでいたというから、寒川文書原本説はいささか疑問であろう。ただ、同じ原本（鎌倉初期宮下義仁謹写本）をもとにしていても、三輪、岩間両氏にはすでに述べた

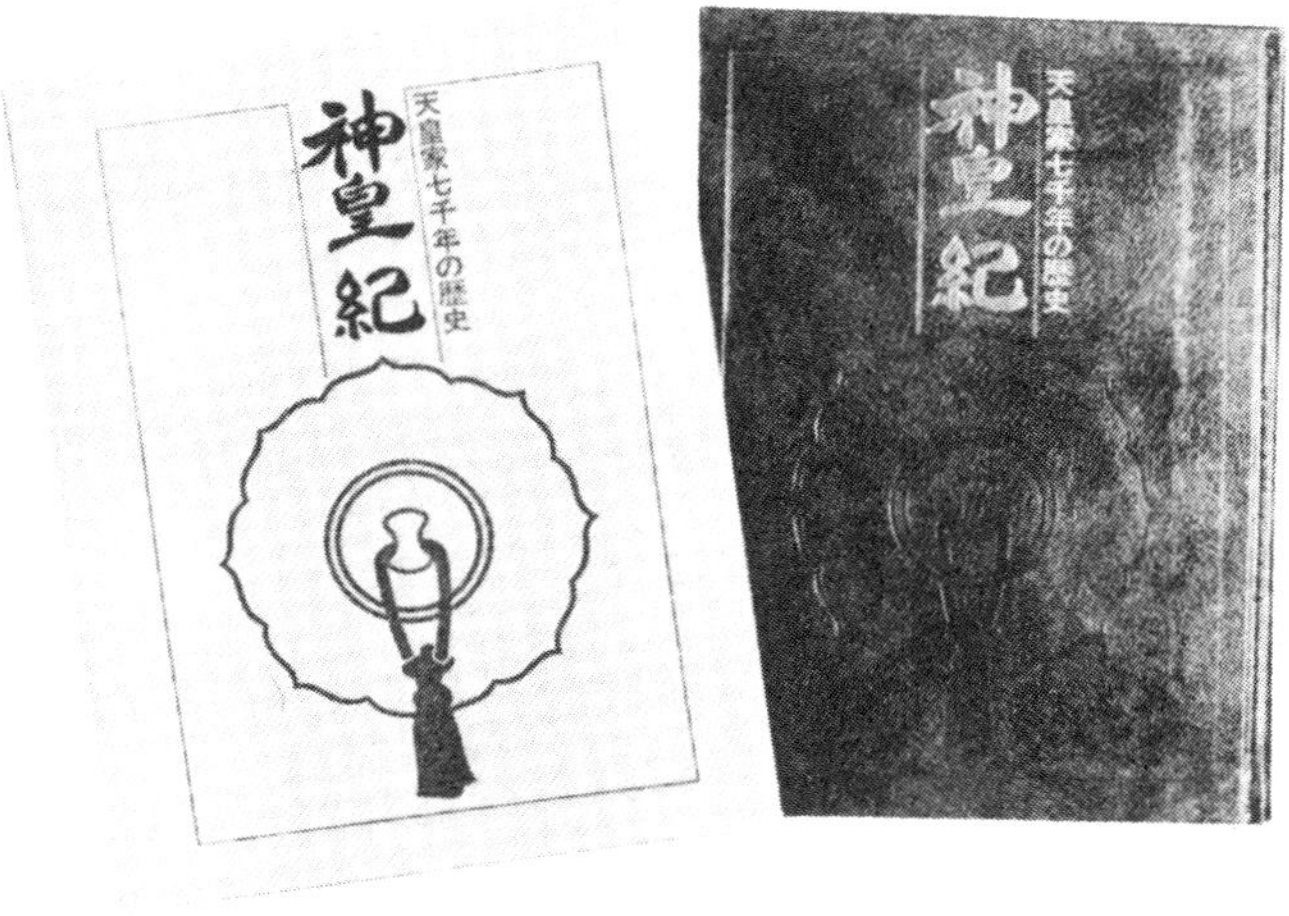

復刊された神皇紀

ようにその内容の取捨選択、解釈について相違がある。したがって両書を併せ読むことによって、この文書の全容を、より確実にとらえることができるという利点もある。私ども後学の士にとって、この二冊の現代語訳があることはむしろ幸いといってよい。

（なお、宮下家保存本以外にも写本があるといわれているが、その詳細は不明である。）

その成立——徐福と孝元天皇

宮下文書は、秦の方士徐福が富士の阿祖山太神宮の神官が語った古代史を聴きその深さに感嘆するとともに、その貴重な記録の散逸するのをおそれ、改めて漢字で筆録したものとされている。とすれば、ほぼ紀元前二〇〇年ころまでに成立したものということになり、日本最古の史書ということになる。

もちろん、膨大な伝承のすべてを徐福一代で筆録したとは考えられない。おそらく漢字をよく知る徐福の子孫なり従者がその作業を継承したものと考えたほうが自然だろう。だが、これもあくまで徐福が渡来し、富士山麓に永住したという伝承を前提とした推定である。

一方、徐福筆録説とは別に、この文書――少なくとも「開闢神代暦代記」と「蘇我《ソガ》氏、武部《タケルベ》氏、栄日子《エビス(コ)》氏、三家世代記」は、第八代孝元天皇がみずから撰録し、徐福はその勅命で筆録したものという説もある。すなわち岩間本によれば、岩間本に収録されている「暦代記」他数篇は孝元天皇がみずから編集した古代実録であり、それを「書き作り記し置《お》」いたのが徐福である旨を、宮下源太夫義仁によって「謹書」されている。

この孝元天皇というのは、津田左右吉博士の記紀批判以来、仮空の存在とされているが、私を含め一部の古史古伝研究者のあいだで、神武系とは別系の孝昭王朝（孝昭、孝安、孝霊、孝元、開化の各天皇）のいわば後期の天皇であり、また戦後、史学界のほぼ通説とされているハツクニシラススメラミコトである崇神系王朝によっておそらく滅亡された日本列島の原、先住民系の王朝の天皇と考えられている。

記紀伝承の「四道将軍」のひとりとして、北陸道におもむいた大彦命《オオヒコノミコト》は、この孝元天皇の皇子とされているが、同時にこのミコトは古代、関東、東北、北陸地方の豪族として知られる阿倍臣《アベノオミ》の祖とも伝えられている。また最近、埼玉県の稲荷山の「鉄剣」の発見によって、このミコトの実在性がクローズアップされたことは多くの人々の知るところだ。

さらに、古史古伝とは切っても切れない関係にある古代の伝説的な英雄竹内宿弥《タケウチノスクネ》はこの天皇の曽孫とも伝えられており、しかもその竹内宿弥が歴史時代に入ってからの豪族――蘇我《そが》、葛城《かつらぎ》、巨勢《こせ》、平群《へぐり》氏など、ある時期には、いわゆる大和朝廷の支配層の一角に食い込んでいながら、結局、大和朝廷に滅ぼされた豪族――の共通の祖先とされていることにも注目したい。

それだけに、この天皇が古代史に占めるウエイトはきわめて大きいのであるが、にもかかわらずこの天皇を含めた孝昭系の諸天皇について、その事蹟がまったくといってよいほど記紀に記されていないのはなぜだろうか。おそらく、それは崇神王朝という名のインベーダーによって、この孝昭系王朝が抹殺されたためと私は解している。

だが、日本列島先住民のあいだに――「草の根」的に――残る、この孝昭系王朝についての記憶まで抹殺することは、いかに強大な権力といえどもできなかった……。これが、記紀にたとえ名のみでもこの王朝の諸天皇を採録せざるを得なかった理由であろう。

なお、この孝昭系王朝についての民衆（つまり私たちの祖先）の記憶は、この宮下文書だけでなく、東日流外三郡誌《つがるそとさんぐんし》や、中部地方八ヶ岳山麓の「山の民」集落の伝承（自分たちは孝昭天皇の子孫である云々）に色濃く投影されている。

とすれば、岩間本の孝元天皇撰録説も、ある意味では宮下文書の性格に大きな示唆を投げかけるものといえる。つまり岩間尹個人の天皇崇拝主義とは別個の次元からこの孝元天皇撰録説をとりあげてみる必要があるということだ。つまり私は当初、岩間本による孝元天皇撰録説を、彼独自の判断によるものとみなしていた。そして、その判断の根拠を明治人の天皇観に根ざす心情的なものと考えていたわけである。

だが、この宮下文書を、あくまでも体制派の史書である古事記や日本書紀とは別系列の史書と見れば、孝元天皇撰録説もあながち捨てたものではない（この点については次節でさらにトレースしてみるつもりである）。

なお、もう一人の撰録者視されている徐福という古代日中両国にまたがる伝説的人物については、次章で改めてとりあげてみたい。ここでは、宮下文書の成立にもっとも深い関係のある二人の人物の名をあげておくにとどめる。

継承したのは「国津神」系

孝元天皇が即位前から編集しはじめ、秦の徐福およびその後継者が筆録したとされるこの文書を、代々継承してきたのは富士山麓の阿祖山神宮の神官グループである。

このグループの長、つまり大宮司は、神代においては「守護司長」あるいは「高天原惣《そう》司令神」と称されていたが、神皇の世が終り人皇の代になってからは「宮守司長」、のち「大宮司長」、さらに後代に入って「大宮司」とよばれるようになったという。

これらの漢風《かんぷう》の呼称は、率直にいって古史古伝に似合わない。だが、この文書の原本が徐福によって筆録されたといわれるオール漢字のものであることを思い起こしてほしい。また「惣《そう》司令神」など近代的な語いが出てくることにも抵抗を感じられる人も少なくないと思う。これは明治〜大正期に三輪義凞が現代訳したさいの表現である。

さて、初代の守護司長は大国主命《オオクニヌシノミコト》であったという。この神は出雲神話の主神格で、天孫降臨以前の日本列島の支配者であった。そのことは出雲系、というよりも先住民系の神々が、宮下文書系の神々に奉仕するようになったことを物語るものと見られなくもない。だが一方において「祭政一致」つまり神々を祭ることが、いわゆる政治とイコールだった古代では、この阿祖山太神宮の祭祀神に奉仕する神官の司長こそ、列島の実質的な支配者だったといえなくもない（これも大きな謎である）。

この大国主系の「守護司長」は、やがて日子火火出見尊《ヒコホホデミノミコト》の代にいたると、多真祖命《タマノオヤ》と代り、以後その子孫がこの職を継いだという。多真祖命《タマノオヤ》とは、ニニギノミコトの天孫降臨のさい供奉した「五伴緒神《イットモノオ》」のひとり玉祖命《タマノオヤ》と同名であるが、こうなると宮司職は天津国系の神宮奉仕の神人ないし事務職員の司《つかさ》である。その地位が依然として高かったとしても！

また、地皇第一代ウガヤフキアエズノミコトのさいは、伯父にあたる神火須勢理命《カムホスセリ》をもって「高天原惣司令神」となしたとある。神官グループはこの司令神に従属するわけだが、このホスセリノ命とは古事記の「海幸、山幸」神話の火照命《ホテリ》（海幸）と火遠理命《ホオリ》（山幸）兄弟の争いのさい、中立の立場をとっていた神である（海幸の弟で山幸の兄にあたる）。

ウガヤフキアエズ三代のとき、国津神系の大山祇神《オオヤマツミ》六代の孫の阿尾弥真男命《アオネマサオ》がこの職に任せられ、以後五十二代を経て熱都丹波彦命《アツタニワヒコ》にいたり、改めて「守護司長」に任じられたとある。なお、この五十代にわたり（つまりウガヤ朝のほとんどの期間）国津神の大物である大山祇神系がこの職を世襲していたということは注目すべきである。

人皇第七代孝霊天皇の代にいたり、尾張《おわり》の国から祖佐男命《スサノオ》の六十八世の孫とされる尾羽張田《オハリタ》彦《ヒコ》命を「宮守司長」に任じられた。これも国津神系である。その二十年後、秦の徐福が来日、この富士高天原に永住したわけである。

第十五代応神天皇の五年、皇子の明仁彦《アキヒトヒコ》が国津神系に代ってこの職に任じられ、同時に「山《ヤマ》守部《モリベ》の司《ツカサ》」となった。ここから皇子を「大山守皇子《オオヤマモリノミコ》」と称することとなったという。

だがV章でも記したように、実はこの皇子が問題の皇子なのだ。古事記によれば応神天皇には二十六人（男十一、女十五人）の子がいたが、なかでもこの大山守命とその弟の大雀命《オオササギ》の二皇子が出色であった。にもかかわらず天皇は二人の弟にあたる（異母弟）の宇遅能和紀郎子《ウジノワキノイラツコ》に皇位をゆずろうと考えていた。

そこで天皇は二人の皇子にそれぞれ質問した。曰く「年上の子と年下の子とで、どちらが可愛いか」

大山守皇子は「年上の子が可愛い」と答え、大雀皇子は「年下の子が可愛い」と答えた。天皇は大きくうなずき「大雀命のことばこそ自分の意にかなうものだ」として、次のような勅を下した。

「大山守命《オオヤマモリ》は山海の政《マツリゴト》をせよ。大雀命《オオササギ》は食国《オスクニ》の政を執《と》れ。そして宇遅能和紀郎子《ウジノワキノイラツコ》は天津日嗣《アマツヒツギ》（天皇位）を継げ」

山海の政《マツリゴト》とは山部《ヤマベ》と海部《アマベ》の支配であり、日本書紀では「山川林野」を掌《つかさど》らしむとある。食《オス》国《クニ》の政とは天下の政治をとることであり、宰相格である。そして肝心の皇位はウジノワキノイラツコに譲るというのだ。古事記ではオオササギ（のちの仁徳天皇）は、この勅に従ったとあるが、大山守命は釈然としなかったらしい。そして応神天皇没後、皇太子（ウジノワキノイラツコ）を討って自分が即位しようと図ったが、それを事前に知った大雀命が皇太子に警告したため、そのクーデターは失敗、彼は死亡したとされている。

一方、オオササギによって救けられた皇太子は皇位をオオササギ（仁徳）に譲るため自殺までしたことはすでに述べたとおりである。

ところが、この古代の皇位継承をめぐる権力闘争に敗れて死んだとされている大山守命が、富士太神宮の「宮司長」に任じられ、この文書継承に一役買ったというのが、宮下文書の伝承である。

だが、この大山守皇子が山部《ヤマベ》と海部《アマベ》、つまり日本列島の先住民である「山の民」と「海の民」の支配者とされたという記紀の伝承は意味深長である。なぜなら彼は、崇神天皇とならんで征服王朝《インベーダー》の始祖とされている応神天皇によって、列島先住民の「司《つかさ》」と指名されはしたが、同時に衆望の点からみて、皇位を継ぐにふさわしい実力者であったのではないか。それならば応神没後、「山の民」と「海の民」の支持を背景にクーデターによってみずから皇位につこうと考えたとしても不自然ではない。ただ、その企図が事前にもれて、ウジノワキノイラツコとオオサザキの連合軍によって挫折させられただけなのである。

ここに、この大山守皇子の出自が問題となろう。私は崇神に敗れた先住民王朝の後裔がこの皇子だったのではないかと考えている。

明仁皇子（大山守皇子）は、皇位継承（奪回？）闘争に敗れ、当時の政治の中心である畿内（大和）を追われ、富士山麓に追放される。彼は平地（農地）ではなく「山川林野」の支配者となった。だが、そのことは豊葦原瑞穂国《トヨアシハラノミズホノ》においては完全に政治的世界からの追放を意味する。ウジノワキノイラツコを殺してまでして皇位についた仁徳もこの皇子を殺すわけにはいかなかったのだ。それほど先住民の反発が恐かったのだろう。

　さて、大山守皇子は阿祖山太神宮にて、この文書の保存、継承の任についたわけだが、この皇子の背後には依然人口の七〇%以上を占める先住民系の山の民、海の民がひかえていた。そのことが、この文書の保全に大きく役立った。この皇子の子孫が六十七代、一三九五年間にわたって、大宮司として文書保全にあたることができたのも、富士山麓周辺のこの先住民としての「山の民」の強力な支持があったからだと思われる。

　この大山守皇子の子孫が「宮下」姓を名乗るようになったのは皇子の第一皇子不二《フジ》尾《オ》田《タ》長彦《ナガヒコ》から（宮下源太夫明政）とされているが、仁徳期のころ、源太夫とか明政などという諱《いみな》があったとはとうてい信じられない。おそらく鎌倉時代に入ってからではあるまいか。つまり宮下源太夫義仁（四十九代）が、祖先にそれぞれ武家ふうの諱を贈ったものと解したほうがよい。

　だが、大国主命以来、この阿祖山太神宮の神官職が、ほぼ一貫して国津神系（先住民系）の人々によって占められてきたということは、彼らが継承してきたこの文書が、もともと先住民系のものであったということを示唆する。だからこそ、「山の民」だけでなく「海の民」も、この文書を守護してきたのだろう。

最初の〝改訂〟

歴代神官を助けて先住民系の人々が護ってきた宮下文書にとって、きわめて重大な事件が人皇三十六代天智天皇十（六七一）年の八月に起こった。

それは朝廷から（というよりも近江京から）「中臣《ナカトミノ》藤原《フジワラノ》物部《モノノベ》麿《マロ》」なる人物が、富士山麓を訪れて、この文書を読み「作正宇津須《ウツス》、つまり文書（徐福筆録とされるもの）の文章を正して、これを新たに写し改めたというのである。ちなみに、この「中臣藤原物部麿」が「作正宇津《ウツ》須《ス》」ところの文書は、建久三（一一九二）年八月、宮下源太夫義仁が「謹書」したときの原本とされている。たしかに上質の和紙に上質の筆墨を用いて記した文書なら、保存さえよければ、五、六百年はもつ。だが、徐福の時代から天智十年までは九百年近く経過しているのだから、相当いたんでいたろう。したがって中臣藤原物部麿なる人物が、筆写し直すという行為そのものはよくわかる。ただ、問題はまず「作正」の二字にある。「作正」とは現代語でいえば「改訂」にほかならない。

つまり、彼は何を規準として改訂したのであろうか？　いや、なぜ改訂したのであろうか？　次に、この改訂者の素姓《すじょう》も問題であろう。

最初の疑問、第二の疑問については、その改訂の時期がきわめて示唆的である。つまりこの時期、天智天皇は病床にあった。彼の発病は九月といわれているが八月という説もある。この病気は彼の死病であり、十月には再帰不能であることが多くの廷臣たちに知れわたっていた……。

それだけに、天智の側近たちにとっては、すでに彼の後継者についてのひそかな論議がささやかれていたはずである。後継者として本命だった大海人皇子（皇太弟）は、天智の本心が太政大臣の大友皇子（天智の実子）にあることを知っていたから、病床の天智から皇位継承の意を告げられたとき、一身上の危機を悟り、天皇病気平癒のための「出家修道」の名目で吉野に去ったのは十月のことである。

中臣藤原物部麿なる謎の人物が富士山麓を訪れ、そこにある古文書を読み、かつ「作正宇津須」という行為に出たのは、このようなきわめて微妙な時期であったのである。

ちなみに、この時点では中臣鎌足こと藤原鎌足はすでにいない（六六九年死亡）。鎌足という緩衝材《バッファー》を欠いたことによって、天智と皇太弟（大海人皇子）とのあいだの緊張は極度に高まっていた。

大海人皇子としては、天智発病を知るやとりあえず一身上の危機を回避するために吉野に去ることを考えていただろうが、同時に次帝の弘文天皇の追求を免れるためには、自分が皇位につく以外にないこともよく知っていたはずである。それに備えて彼は各方面にひそかに手を打ちつつあったと見てよいだろう。その布石の一つが腹心の中臣藤原物部麿の富士山麓派遣だったのではなかったか。

そして、その目的は古代記録の入手とその変造である。つまり、この時点では古事記や日本書紀の編集はまだ行われていなかった。しかも百年まえの崇仏、廃仏抗争のさい、物部守屋邸に所蔵されていた史書が焼かれ（『謎の九鬼文書』参照）、その後聖徳太子が編修させたといわれる「国記《クニツフミ》」「天皇記《スメラミコトノフミ》」も、大化の改新で蘇我氏滅亡のさい焼失した。ただそのとき船史恵尺《フネノフヒトエサカ》が火中から「国記」だけを救出し、中大兄皇子（天智天皇）に献じたと日本書紀は伝えている。

さて、このエピソードで「天皇記」が焼失したことだけははっきりしたわけである。となれば皇位を狙う人物なら、その主張の正統（正当）性を訴えるためにも、新しく史書を作ることが必要となる。そのためには阿祖山太神宮保管の文書を眺めておくことが必要だ。もし、その文書が自分の即位にとって不利なものだったらそれを改訂すればよい……。そして改訂版に基づいて新たに修史作業を開始する……。

イデオロギー戦争は、何も近代以降のものではない。戦争、とくに内戦に勝つためには民心を自分の側につけなければならない。そのためには自分が正統であることを効果的にプロパガンダする必要がある。

一方、勝った場合も、その直後、自分がインチキだということがバレては、反革命派に逆転され、失敗した僭王となってしまう。その危険を未然に防ぐためにも、自分の正統性の根拠をかねて準備しておくことが必要だ……。

こうしたことが、天智発病とほぼ同時に、中臣藤原物部麿の富士山麓訪問となったのではないかと私は考えている。

謎の人――中臣藤原物部麿

中臣藤原物部麿とはだれか？　この宮下文書の継承過程でもっとも大きな事件を引き起こしたこの人物について、三輪義凞も岩間尹も、またこの文書の研究者として著名な渡辺長義、鈴木貞一、吾郷清彦氏は、何もふれていない。つまりは、現在の中臣氏や藤原氏の系図に、このような人物に該当するものを見出せないからであろう。

ただし、岩間尹によると、この中臣藤原物部麿とは、大織冠鎌足の「子」であるという。その間のいきさつは岩間によれば次のとおりである。

まず大化改新で蘇我蝦夷《エミシ》が焼討ちにあったさい、その所蔵していた「国記」「天皇記」が焼失しそうになったとき、船 史恵《フネノフヒトエ》尺《サカ》が火中から「国記」だけを辛うじて取り出したことについては、すでに記した。ところが、岩間本によれば、蝦夷《エミシ》は「朝帝《ママ》の宝庫を焼いて自殺した」のだという。

だが子の入鹿を大極殿内で暗殺された蝦夷《エミシ》が、反撃して宮廷に侵入、その宝庫を焼いたなどとは考えられない。したがって、蝦夷の邸宅自体も宮殿だったのではないかということになる。蘇我天皇説についてはすでに坂口安吾がその存在を示唆しているが、「国記」「天皇記」というもっとも重要な文書を、臣下が自宅に私蔵していたとは考えられないから、私は坂口説をとりたい。

さて、この蘇我天皇説については、いずれ機会を改めて紹介するとして、とにかく「国記《クニツフミ》」は残った？　としても「天皇記《スメラミコトノフミ》」が焼失したのはたしかであろう。

岩間は、この「神代開闢の原始よりこれ迄の古記録、古器物が宝蔵されていたものが皆焼失した」その祟《たた》りとして、諸国に大雨、大風など災害が起こり、世はけんけんごうごう、騒然としたと述べている。

そして、その災害対策会議の席で、この「古記録滅失の祟り」が論議されたとき、田辺武居《タナベタケイ》（甲斐国造）なる人物が、その古記録の原典が富士山麓（阿祖山太神宮）にあることを述べたが、それを天皇は不問にしたという。

ただ、鎌足だけが、この田辺武居の話をきいて大いに喜び、自分の子の中臣藤原物部麿にその古記録の筆写を命じた。そこで物部麿は、田辺武居を案内として富士山麓に赴き、その古記録を写したわけである。それは天智天皇辛未年八月というから天智十（六七一）年にあたる。

だが、この岩間説にはいくつか疑問がある。まず蘇我蝦夷自殺――宝庫焼失――古記録焼失の「祟り」で、全国的に風水害が起こったことから「其の翌年」対策会議が開かれたというのであるが、その翌年なら「大化二年」（孝徳天皇二年＝六四六）でなければならないのに、岩間は大化五（六四九）年のことと記している。これはおそらく、孝徳天皇二年は、皇極天皇が退位さえしなければ皇極五年にあたることからの岩間の錯覚かもしれない。

次に、田辺武居が富士山麓の古記録の件について奏上したのが、大化五年ではなく、大化二年だったとしても、物部麿が富士山麓に出かけた天智十年までは、約二十五年間の間隔がある。これはいささか不自然であろう。

それに、中臣藤原物部麿なる人物は藤原鎌足の「子」にはいない。鎌足のあとを嗣いだのは不比等《フヒト》であり、その兄に入唐した定恵《じょうえ》がいたが、定恵は帰国後謎の死をとげている（六六五）。とすれば、鎌足が富士山麓に派遣すべき子は、不比等しかいないことになる。しかも、不比等がかりに物部麿と同一人物だったとしても、その天智十年には鎌足はすでに亡くなっている（天智八年死亡）。そこで、その遺言で不比等が富士山麓に赴いたのであろうか？

だが、天智十年の時点で、その不比等はわずか十二歳である。いかに現地（甲斐国）の国造《クニノミヤツコ》が道案内として同行してくれるといっても、その年齢で、神代以来の古記録を読み、かつ写すことができるものだろうか？

岩間尹の中臣藤原物部麿＝鎌足の子という図式は、このように追跡してゆくと、その成立はきわめて困難だということになる。

そこで私は、だいたい次節のように考えてみた。

謎の人はやはり不比等か

まず「中臣《ナカトミ》」とは中臣氏、つまり神代の天児屋根命《アメノコヤネ》以来、畿内朝廷の神祇官の家系であり、中臣鎌足《カマタリ》の代に「藤原」の姓を与えられた古代の豪族である。もちろん豪族といっても大伴氏や物部氏、蘇我氏などにくらべれば問題にならない。ただ、鎌足の、いわゆる大化改新での功によって、政界に大きく飛躍した実力派である。

次に「藤原」の姓は、鎌足の子の不比等《フヒト》の子孫が伝え、奈良、平安時代にかけて政治権力を独占したものだが、ただ鎌足のもう一人の子である意美麻呂《オミ》は旧姓の中臣に復し、依然、宮廷の神事、祭祀の権を保持し、その子孫は伊勢神宮や春日大社など多くの有力神社の禰宜《ねぎ》、神主となっている。

つまり国の政治《マツリゴト》と祭祀《マツリゴト》とを、鎌足の子孫が独占したわけだが、これは中臣氏が藤原と中臣の二氏に分離したことによって可能となったといってよい。

したがって「中臣藤原」という姓は、原理的にも存在しない。しかも、その姓の下に「物《モノノ》部《ベ》」麿《マロ》という名がつくのはどういうことか？

いうまでもなく物部氏は、古代以来の武門の家系であるが、仏教の受容をめぐる政争で新興蘇我氏と聖徳太子の連合に対し、神祇官の中臣氏との同盟を結んで対決して敗れ、没落したことになっている。それだけに、中臣氏と物部氏とが蘇我氏に対して抱いた怨恨は深かったことは容易に推定がつく。中臣鎌足が、中大兄皇子をかついで蘇我氏打倒のクーデターに成功したことはよく知られているが、おそらく政治面での中臣氏に対して軍事面では物部氏が暗躍したということも大いにありうることだ。

たしかに物部氏は、大化改新政府の「内大臣」にまで躍進した中臣氏の鎌足ほど、めざましい復活――躍進はとげなかったものの、軍事面で徐々に復活、壬申の乱のさいは近江朝廷軍（大友皇子側）の「大将軍」（最高司令官）が物部尾興《オコシ》の四代の孫「物部連麻呂《モノノベノムラジマロ》」であった。

ちなみに、この「物部連麻呂」は、乱終結後、天武天皇に重用され、遣新羅大使に抜擢され、養老元（七一七）年左大臣正二位石上麻呂《イソノカミノマロ》として、人臣で最高の地位にのぼっている。

もし、この「物部連麻呂」が「中臣藤原物部麻呂」と同一人物だとすると、面白いのであるが、残念？　ながら近江朝廷の大将軍が壬申の乱の十カ月まえ（そして天智没の四カ月まえ）という微妙な時期に、近江京を離れて富士山麓まで出かけ、しかも相当の期間滞留して、膨大な古記録を読み、かつ改訂、筆写したなどとはとうてい考えられない。したがって「中臣藤原物部麿」は、この「物部（連）麿」とは別人ということになる。

そこでふたたび、この謎の人物の正体は？　ということになる。

私は、この謎の人物をあくまでも大海人皇子（天武）側が政権（皇位）奪取後に備えて派遣した密使であるという仮定から再出発してみることにした。そして、その仮定から推理される結論は、やはり藤原不比等なのである。

彼は、幼少時より父の鎌足のブレーンの一人である百済系帰化人の田辺史大隅《フヒトオオスミ》に養育された。彼の「不比等《フヒト》」という名も「史《フヒト》」からのものといわれている。つまり彼は、幼少時から、この史官のもとで育てられていただけに「歴史」に強かったはずである。

次に、いわゆる中臣藤原物部麿を案内した田辺武居であるが、これは田辺史大隅のことではなかったか？　もし、そうならこのベテランの史官が、そのもっとも信頼する弟子である不比等を連れて富士山麓に出掛けたということは十分に可能である。そして、このベテラン史官にとってはその古記録を「作正」し、かつ「宇津須《ウツス》」ことなど、いわば朝飯まえの仕事だろう。

しかも不比等の父の鎌足には、お世話になっているし、それにまた、鎌足だけが、彼が奏した富士山麓の古記録の件について理解してくれたということもある。人はおのれを知る人のために死すという知識人特有の生き方をこの史官が抱いていたと見ても不自然ではない（しかも、そのたった一人の子の養育を依頼されるほど信頼されていたのだから）。

私は、壬申の乱後の不比等の栄達と、記紀編修の仕掛人としての不比等のイメージとから、問題の人、謎の人「中臣藤原物部麿」の正体こそ、この藤原不比等であると結論したい。

（なお、「藤原麻呂」というまぎらわしい名の人物もいたが、これは不比等の子であるから当然、時代が合わない。つまり別人である。また中臣藤原にさらに物部をつけたことについては、岩間尹は、中臣、藤原が物部氏である旨示唆していたことを付け加えておこう。）

鎌倉写本の成立

地質学者の調査によれば、富士山は約七〇万年前の小御岳火山の噴火にはじまる。有史時代では天応元（七八一）年から宝永四（一七〇七）年までの一千年間に十数回噴火したことが確認されている。

続日本紀《しょくにほんぎ》によれば天応元年の噴火は、火山灰の噴出、降灰を見た程度で、それほどの被害はなかったらしい。だが、桓武天皇の延暦十九（八〇〇）年の大噴火は被害が激甚だった。日本後紀によれば東海道足柄《あしがら》を通っていた道路が閉塞し、箱根方面に新道を開かなければならなくなったという。この噴火は、地質学的調査によれば、有史以来もっとも大きな噴火で、中央火口から溶岩が噴出、山麓に流出した。

そのため太神宮は七廟のうち四廟まで焼失し、多くの神宝が失われた。翌延暦二十年、二十六代大宮司は、配下の禰宜《ねぎ》や祝《ほおり》などをひきつれて、辛うじて災害から守り通した古文書や宝物を持参して、相模国（神奈川県）高座郡早乙郷の大山守皇子の旧領に移った。彼はその地に社祠を建て、七廟のうちから寒川神社を勧請《かんぜい》し、その宝蔵に古文書、宝物類を納めた。

平城《へいぜい》天皇の大同元（八〇六）年、勅を奉じて坂上田村麻呂（蝦夷征討の英雄）が焼失した四廟を再建、二十七代大宮司をよびもどした。以来、富士山麓の神宮を「山宮《やまみや》」、相模の寒川神社を「里宮《さとみや》」と称することになったという。

なお、古文書は依然、里宮（寒川神社）に保管されていた。なぜなら富士は依然、煙を吐き続けていたし、天長三（八二六）年に延暦の大噴火に次ぐ大噴火を起こしている（青木が原をなす丸尾溶岩はこのとき形成されたものである）。

二条天皇の永暦二（一一六一）年、宮下文書保存の最大の功績者ともいうべき宮下源太夫義仁が第四十九代大宮司に就任した。

義仁は源頼朝の挙兵以来、彼の創業を援けた相模の豪族三浦氏（三浦党）の嫡流である。彼は人品《じんぴん》を見込まれて、四十八代宮下記太夫政仁の長女春子の婿《むこ》となり、大宮司職を嗣いだわけである。義仁は、自分が居住する山宮から、しばしば里宮に赴き、十数年かかって里宮に保管されている古文書を筆写した。その子の義国《よしくに》もこの筆写を継続した。そして、この写本は山宮に納められ社宝とされた。

富士山は永保三（一〇八三）年に側火山の噴火があったが、その後、永正八（一五一一）年の吉田口の溶岩噴出まで四二八年間、火山活動を停止している。

一方、火山禍には安全なはずの寒川神社（里宮）は、思わぬ災害に見舞われた。弘安五（一二八二）年五月、馬入川が汎濫して里宮の宝蔵に保存してあった古文書がことごとく流出するという不幸な出来事《アクシデント》が起こったのである。そのとき、寒川神社の宮司宮下記太夫明吉はこの古文書を濁流から救出しようとして、その父の佐太夫国明とともに溺死するという悲劇もあった。

明吉の遺児里宮丸は、母の実家である富士の山宮に引き取られ、大宮司宮下源太夫昭成の嫡男義泰に養育されることとなった。そして里宮丸は義泰の嫡男で大宮司職を嗣いだ義忠の夭折後、その職を嗣ぎ五十六代大宮司義高となった。ここにおいて里宮の古文書継承者と山宮の古文書（複写）継承者とが「一つに帰して」以後、もっぱらこの義仁父子の筆写した古文書（宮下文書）を継承することとなったわけである。現在の保管者宮下義孝氏は、第七十八代の大宮司にあたる。

なお、戦後『開闢神代暦代記』の書名で宮下文書を出版した岩間尹は、第四十九代大宮司の宮下源太夫義仁の宗家である三浦党の子孫から成る「三浦一族会」に属していた。それだけに旧三浦義仁の努力で後世に伝えることができた宮下文書に、深い関心を抱いたものと思われる。

なお、岩間本（開闢神代暦代記）も三輪本（神皇紀）も、その底本は同じだが（宮下義仁写本）、それぞれ特徴がある。たとえば三輪本は収録範囲が広いが、戦前の刊行だけに当局の弾圧（発禁）を考慮して、意識的に省略した部分もある。一方、岩間本は戦後の刊行だけに、三輪本が意識的に避けた部分をも取り上げているが、ただ、その収録範囲が狭い。おそらく岩間自身は、続巻の刊行を考慮していたのかもしれないが、ページ数の関係から結果的には、文書自体の限られた分野の紹介にとどまっている。その点から、三輪本と岩間本とは相互補充関係をなしているということができるだろう。

Ⅶ章

徐福伝説を追う

正史の徐福

徐福《じょふく》——宮下文書の伝承を最初に漢字で筆録したといわれるこの人物は、秦《しん》代の方士であった。字《あざな》は「君彦」というが、『史記』によれば「徐市《じょれつ》」として出ている。

すなわち秦の始皇帝が東方の郡県をめぐって山東省の琅邪《ろうや》山に登り、その風光を楽しんで三カ月滞在したことがあった。始皇帝はよほどその地が気に入ったとみえて、その地に住民三万戸を移住させ、十二年間租税の免除を申し渡したり、また琅邪台をつくらせ、そこに石碑を建てて、秦の功徳をたたえた文を刻ませたりしてごきげんだった。

そこに、ひょこひょこ出てきたのが徐福（徐市）と名乗る方士だった。方士とは、いわゆる不老不死の仙術などの修業者、というよりも専門家《エキスパート》のことである。

彼は始皇帝に、

「海中に三つの神山がございます。その名を蓬萊《ほうらい》、方丈《ほうじょう》、瀛州《えいしゅう》と申し、そこに仙人が住んでおります。われわれは、陛下の不老長寿のため、斎戒《さいかい》して身を潔《きよ》め、まだけがれを知らない童男、童女とともににその神山の麓に参って、仙人に会い、その霊薬を求めたいと存じます」

と奏上したのである。

そこで当時いささかオカルティックになっていた始皇帝は、さっそく徐福に命じ、童男、童女数千人（五百ではなく「数千」と『史記』にはある）を連れて、東海の彼方の仙人の住む霊山をめざして出航させた。始皇帝二十八（紀元前二一九）年のことである。

さて、その後しばらく徐福の船団の消息は不明だった。

ところが始皇帝三十七年というから十年後のことである。始皇帝が揚子江から東シナ海に沿って北上して琅邪《ろうや》をふたたび訪れた。そこで彼は徐福に再会したのである。

徐福は海路、霊山を求めたが数年たっても霊薬など入手できず、そのうえ莫大な費用を浪費した形になっていたため、皇帝に譴責《けんせき》されることを恐れて、詐《いつわ》って次のように奏上した。

「蓬萊島の霊薬は手に入ります。だが、いつも大鮫《おおざめ》魚が現われ、島までたどりつくことができません。そこで弓の名手を乗船させて下さい。そして大鮫魚が出てきたら弩《ど》を連発して退治して貰います」

たまたま皇帝は夢を見た。それは海神と戦う夢であった。そこで「占夢博士《せんむはかせ》」（夢を占なう役人）に問うたところ「陛下の祈禱祭祀には欠けるところはありません。それなのに、この悪神がいるのですから、当然退治されるべきです。そうすれば善神が出てくることでしょう」と答えた。

皇帝はさっそく海に船を出し、みずから連発の弩をもって大魚（海神）の出現をまったが、なかなか大魚は姿を現わさなかった。やがて山東省の芝罘《しふ》でそれらしい魚を発見、射殺したという。その大魚（海神）の祟りかどうかはともかく、始皇帝は海岸沿いに西に向い、山東省の平原津に到着したとき、そこで発病、河北省の沙丘《さきゅう》の平台で死んだ。

さて、徐福はどうなったか？『史記』の「秦始皇本紀」には、徐福のその後についてなにも記していない。

『史記』とならんでもう一つの徐福史料である『後漢書』には、数千人の童男、童女を引率して蓬萊山をめざして船出した徐福は行方不明になったと記されているだけである。

徐福日本渡来説または、童男、童女各五〇〇人引率説が中国史料に出てくるのは五代後周《こうしゅう》（九五一〜九六〇）の僧義楚の著した『義楚六帖』であるから、その間一二〇〇年以上ものブランクがあったことになる。

ちなみに『義楚六帖』の徐福関係の記述は次のようなものだ。

「日本国また倭国と名づく。東海中にあり、秦の時、徐福五百の童男、五百の童女を将《ひき》いて此の国に止《と》まる。……日本国伝瑜伽《ゆが》大教弘順大師賜紫寛輔なるものありてまたいう。本国の都城の南五百余里に金峯《きんぷ》山あり、……また東北千余里に山ありて富士と名づけ、また蓬萊と名づく、その山峻にして、三面これ海、一朶《いちだ》上に聳《そび》えて、頂に火煙あり、日中は上に諸々の宝ありて流下し、夜はすなわち却って上る。常に音楽を聞く、徐福はここに止りて蓬萊といえり、今に至るも子孫皆な秦氏という、……」

しかも、徐福は日本にきただけでなく富士山麓にとどまったというのだ。これは日本の留学僧弘順が中国人に告げた情報にもとづいた記事である。

それほど（一二〇〇年後にも）中国の知識人には徐福の行方が気になっていたのだろう。

また、徐福が熊野に上陸したという説については、明《みん》の大祖洪武元（一三六八）年、入明《にゅうみん》した日本僧絶海が、大祖に目どおりしたときに作った「熊野三山」の詩に出てくる。

以上のうち義楚と絶海に関する部分は、徐福研究家の山本紀綱氏の『日本に生きる徐福の伝承』（昭和五十四年）に負うものであるが、徐福富士山麓滞在説が、宮下文書とは別に、古代から中世にかけて日本の知識層に語られていたことを示す貴重なデータといわなければならない。

宮下文書に登場する徐福

宮下文書の「徐福来記」「徐子記」「徐福系図」「支那皇紀」（支那震旦皇代歴記）などによれば、徐福（徐子ともいう）は、軒轅《けんえん》氏から出ず、とある。軒轅氏とは、中国の伝説的帝王である「黄帝」のことだ。黄帝は「三皇五帝」の一人で、漢民族の祖とされている。

さて、軒轅氏の第四子（忠顕氏）の六世の孫を「万正氏」という。彼は「夏《か》」の禹《う》王に仕え、農耕の事をつかさどっていた。以後、子々孫々夏王朝に仕えたが、夏滅亡後、朝廷に仕えることはしなかった。この「万正氏」の四十八世の孫を「正勝」といった。彼は文学（といってもいわゆる学問のこと）に卓れ、地理に詳《くわ》しく、周の武王に仕えて功労があった。「徐」という姓をいただき、楚《そ》の国の首長に任じられた。その子孫（十七世の）が殺害されたとき、弟が奪われた伝来の地を回復したが、殺された当主の遺子は母とともに「深山の大洞」にかくれ、農夫となった。

その農夫の九代の孫が「子路《しろ》」である。彼は大聖孔子の門人であり、その「十哲」の一人として有名だ。以後、代々儒学をもって世に顕《あら》われた。この子路の八代の孫が徐福である。徐福の祖父は秦王に仕え、応侯に叙せられたという。

なお「徐福来記」には新約聖書マタイ伝の系図のように、各代の名がえんえんと記されているが、彼が黄帝の子孫だということは、キリストがアダムの子孫だといった程度に理解されるべきだろう。だが、孔門十哲の一人、子路が祖先にいたということは、菅原文太氏の祖先に菅原道真（学問の神さま）がいたというたぐいのものより、より信憑性があるのではないか。また、徐福が一応「応侯」の孫であったということは、彼が天竺《てんじく》（インド）留学の費用に恵まれていたという事実に照らして本当かもしれない。

さて、徐福はひろく儒学を修め、のちインドに留学七年「仏学を究め」、一切経の奥儀をマスターし、薬師如来像を求めて帰国したという。

この薬師如来《やくしにょらい》とは、大臣王仏ともいわれるように、病気をのぞき、諸根を具足させ、解脱《げだつ》へ導くとされた如来で、その像は、ふつう左手に薬壷をもって示される。

徐福が「方術」を学んで帰国したとは記さず、「薬師如来像を持参した」と表現している点がおもしろい。

帰国後、徐福は秦王政《せい》に仕え、勲功があり官位もすすみ、官女福寿婦人を妻に賜った。政《せい》はやがて天下を統一し、始皇帝となった。

始皇帝は統一後、帝国内をしばしば巡狩したが、その二十八年春、山東省の琅耶山に登って「東海」を眺めたとき、たまたま蓬萊山が見えたという。つまり蜃気楼《しんきろう》でも見たのかもしれない。そこで、道教や神仙術にイカれていた始皇帝は、それを遥拝した。

そのとき、供奉していた徐福が『史記』にあるように「上書して曰《いわ》く……」となったわけである。そのくだりは宮下文書が詳しい。「徐福、すなわち上書して曰く、東海の蓬萊、方丈、瀛州の三神山は、全世界の大元祖にして、大元祖の神仙のとどまれるあり、かつ不老不死の良薬あり。もしこれを服せば、千万歳の寿命を保持することを得べし。臣、まさに童男童女五百人と海に入り、これを索《もと》めんと請う。すなわち詔して、それ良薬を求めしむ、徐福また奏すらく、これを求めんには少くとも十五年、遅くは三十年を要すべし。ゆえに相当の旅装を要す。すなわち金銅鉄砂金珠玉および衣食器、ならびに大船八十五艘を要すべし、と。すなわちその言のごとくして旅装せしめ給う。すなわち同年（紀元前二一九年）六月二十日徐福は童男童女五百人、ならびにその糧食を大船八十五艘に分乗して発したりけり」

世界史上最大の独裁君主の盲点（オカルト趣味）を巧みについたその計画はみごととしかいいようがない。おそらく徐福は、自分が仕えてきたこの専制者の統治が、やがて焚書坑儒《ふんしょこうじゅ》（気に入らない書籍を焼き、批判的な学者を地中に埋める）――つまり言論の大弾圧にいたることを予測していたのかもしれない。

そこで、この異邦人王朝（始皇帝は漢人ではなかった）のもとで、座して押し潰されるのを待つよりは、東海の伝説の国――蓬萊島に脱出し、そこで彼なりの理想郷を建設しようと考えたのであろう。そのため、それなりの脱出の計画をねり、準備をし、その実行の機会を狙っていたものと私は考えている。これこそ「古代史上最大の脱出作戦」の一つではなかったか。

大船団がめざした蓬萊国

完全装備の八十五隻の大船団を率いて徐福は東海上の蓬萊島をめざしたのだが、では、なぜ彼は、その理想郷が「東海」上にあると考えたのだろうか？

道教の「三神山」の伝承をそのまま信じていたからなのか？

『史記』によると、前三世紀ころ、つまり戦国時代末期から秦帝国の成立――瓦解期にかけて、道教的信仰がさかんで、山東省など渤海湾沿岸地方では、この三神山を求める諸侯が少なくなかった。始皇帝自身も熱心で、いくどか探検隊を派遣させたくらいである。それだけに徐福の陰謀？　にひっかかったのだろうが、その徐福が、ただ漠然と、この伝説の理想郷をめざしたとは思えない。

中国人の理想郷といえば、むしろ「東海」上ではなく、西方の「崑崙山《こんろん》」（西王母がすむ）ではあるまいか。にもかかわらず、戦国乱世の知識人は西方ではなく「東海」上に理想郷を求めた。その理由はなんだろうか。

それは「東海」の君子国のイメージである。

『漢書地理志』の一節――

「貴むべきかな、仁賢の化《か》や。然して東夷の天性柔順、三方の外（東夷をのぞく、北狄《ほくてき》、西《せい》戎《じゅう》、南蛮《なんばん》）と異なる」

「故に孔子、道の行なわれざるを悼《いた》み、もし海に浮かばば、九夷（九つの夷《えびす》の国々のことだが、伊藤仁斉によれば、それは「日東」国、つまり日本列島をさす）に居らんと欲す。ゆえあるかな」

この記述は、『論語』の一節――

「道行なわれずば、桴《いかだ》に乗じて海に浮ばん。我に従う者は、それ由《ゆう》（子路《しろ》）か」

を踏えたものである。

つまり、この聖人は、当時（戦国期）の中国の社会的混乱に幻滅し、いかだに乗って東の海に出よう。海の彼方の東夷の国にゆき、その地の「天性柔順」な人々に「道」を説こうか、という多少絶望的《デスペレート》な心境になっていたと古田武彦氏は解している（『邪馬一国の道標』）。

なお、この古田氏の解釈は、遠く周代から倭人は礼儀正しい人々であるという評価めいたものが、中国の知識人に定着していた、つまり「はるかなり、大交流」（倭人と中国との）という文脈からのものであるが、実は私も、戦時中（中学生時代）京大英文科出身の日本史教師によって古田氏とほとんど同じ解釈をきいたことがある（ちなみに、その異色の教師は戦後、東北大学の英文学の教授となった）。

たしかに、孔子のこのような心境が、徐福にも投影されていたことは事実であろう。しかも、孔子が自分のいかだにあえて同乗するのは、孔子門下生のなかでも勇敢さにおいて定評のある「由」つまり子路だろうと述べていた。そして、この子路の子孫が徐福だったのだ。

このように、当時の「東海」上理想郷存在説には、周代（あるいはそれ以前）以来の倭人のキャラクターに対する、さらにその国土に対する憧憬じみたイメージのうえに、さらに戦国末から秦帝国成立の血なまぐさい社会相に対する知識人の幻滅感が投影されていた。

徐福自身も、そのような知識人の一人であったわけだが、彼の場合には、さらに孔子にしたがって、「東海」上にいかだに乗じて「天性柔順」な人々のいる平和な、美しい天地に赴き、そこで師が「道」を説くことを助けようとさえする祖先の一人——子路《しろ》の後裔であったという条件も無視できないだろう。

この徐福とかぎらず、秦代の混乱を逃れて人外のユートピアに逃亡したという伝承はまだあったはずだ。東晋、宋代の詩人陶淵明《とうえんめい》（三六五〜四二七）の「桃花源記」にも、やはり秦氏の戦乱を逃れて山奥のユートピアに逃れた人々の子孫の話が出てくる。

だが、徐福は山奥への隠遁より、万里の波濤を越えて新世界を建設する方向をえらんだ。おそらく彼自身、海路によってインドに留学したくらいだから、海については中原から一歩も出たことのない中国知識人とはちがった認識をもっていたのだろう。また、その船団の乗組員や搭乗者も多分、中原から疎外されていた江南から山東省の海岸地方に分布していた呉《ご》や越《えつ》の海洋航海民族にあたる人々によって占められていたものと考えられる。

渤海《ぼっかい》湾や黄海、東シナ海は、これらの海人たちにとってはいわばホームグラウンドであった。

徐福は、かねてこれらの集団のボスに十分に根回ししておいたにちがいない。そうでもなければば、いかに始皇帝の命令でも、数千人に達する集団を、当時の中原の人々にとっては未知の領域である「東海」に乗り出さすことは困難、というよりも不可能な相談である。また、そうでもなければ脱走者が多数出たろうし、出たら出たで、始皇帝のことだから百％極刑で臨むはずであるが、それらしいことが史書に記されていないことからすれば、やはり彼らは、勇躍彼らの「ニューイングランド」をめざして出帆したと考えるべきである。

富士山麓へ

宮下文書にもどる。

蓬莱山をめざして出帆した徐福船団は、やがて「一島」を認めた。これこそ「不二蓬莱山なるべし」と一行は喜び、上陸し、山を探したが見当らず、ふたたび海上に出、東南に向った。途中、左右に島が見えたが、蓬莱山らしき山は見えず、さらに東南に航海したところ、東方海上に不二蓬莱山を認め、一同遥拝した。

船団は速度をあげてその方向に航海したが、いつのまにかその山容を見失った。それでも、さきに見えた方向をめざして進み、また「大山」を認めた。そこで、その裾野の小さな湾に船を停泊させて上陸した。それは孝霊天皇七十二年十月二十五日のことであった。

だが、近よって見ると、その山は霊山らしくはあったが、不二蓬萊山とは異なる山容であることが分かった。一同はいささか落胆したが、一応、その地に居を定め、東西に分かれ、めざす霊山（不二蓬萊山）を探し求めた。そしてついに不二蓬萊山を発見したが、すでに上陸後三年が経過していた。なお、彼らが最初に上陸したのは「木日国」（紀伊国）の木立野の大山だったという。

孝霊天皇七十四年九月十三日、一行はふたたび乗船、不二蓬萊山をめざして東に航海十余日、住留家《スルガ》（駿河）の宇記島原《ウキシマハラ》（浮島原）に上陸した。松島駅から水久保駅を越え、山村を経て不二蓬萊山の中央、高天原に登り、川口（河口）駅から富士高天原の中心である阿祖谷小室《あそだこむろ》の家基都《かきつ》駅に着いたのが十月五日のことであった。

一行は、まず阿祖山太神宮をはじめ各七廟に拝礼、さらに大室《おおむろ》の原にとどまり、のち中室《なかむろ》に移った。童男・童女らは中室や大室にそれぞれ居住することとなった。一行中には、農事、大工、壁塗（左官）、狩猟、製紙、笠張《かさはり》、楽人、仙人、裁縫、醸造、製油、製塩、鍛冶《かじ》、鋳造、諸細工、石工、医師その他各種の専門家が含まれていたという。

このことは、十五年ないし三十年にわたる大航海——植民計画からみて当然の配慮であろう。なお、徐福は童男、童女に養蚕、また一行中の女性には製糸、機織を行なわせたと記されている。

ここに富士高天原には、技術革新が起こったわけであるが、そのとき、たまたま阿祖山太神宮に奉幣使として武内（竹内）宿弥がやってきた。彼は徐福に会い、その学識の深さに驚き、のち彼の門下生になっただけでなく、さらに自分の子の矢代宿弥を伴ない、父子ともども「徐福学」を学んだという。そして、矢代宿弥を「秦」（ハタとよむ）にちなみ「羽田《ハタ》矢代宿弥《ヤシロノスクネ》」と改名させたという。

武内宿弥が徐福に学んでいたとき、高天原の「神祇の後裔」、つまりトヨアシハラの世以来、この地にとどまっていた太神宮の宮守司長、祖佐男《ソサノオ》命（スサノオ）六十八世の尾羽張田彦《オワリタヒコ》とその子の不二田《フジタ》彦、同神宮の副司長で大山祇命六十四世の小室彦《コムロヒコ》、その子阿祖《アソ》彦らが、また入門した。そして徐福も、これら高天原土着の神官グループから、天之世七代以降の歴史を教えられ感嘆、その神代の事蹟が湮滅《いんめつ》してゆくことをおそれ、これを漢字で録取して後世に伝えようとした。これが宮下文書である。

すなわち、徐福が筆録するまでは、これらの伝承は、神官らが秘蔵してきた彼らの祖先の神、神の記した史料、つまり平らな石板に消炭《けしずみ》に種々の油を加えて磨《す》ったもの（原始的墨汁）に、小さな篠竹《しのだけ》の尖端を嚙《か》んで作った原始的な「筆」で、柏の葉や竹片、木片に「神代文字」で書き記されたものであった。徐福は、小室の高座《たかざ》山に宝蔵を造り、自分が持参した薬師如来を安置するとともに、録取した「十二史談」（宮下文書の原型）や、孔子の著書その他を納め、阿祖山太神宮の宝物とした。

孝元天皇七年二月八日、徐福はこの高天原中室で没した。遺体は中室《なかむろ》の麻呂山《まろやま》の峰に葬られたという。

徐福＝神武説とは？

当時（紀元前三世紀）としては、世界最強の艦隊ともいえる八十五隻の大船団を率いて「東海」上の蓬萊国をめざした徐福。

彼が日本における伝承のごとく、紀州熊野に渡来したとすれば、それは日本列島の古代史に大きな影響をもたらさずにはおかなかったはずである。

時代的には、縄文から弥生にかけての変革期にあたる。狩猟採取と素朴な縄文農耕経済の時代から、弥生農耕文化への移行期だ。この、日本列島最大の社会的・文化的変革が、この徐福船団の渡来と無関係ではなかったと考えるのが自然だろう。

だが、徐福来日伝説が、それこそ伝説でしかなかったとすれば、では縄文から弥生への古代最大の文化革命をもたらした要因はなにに求められるか。日本のようなモンスーン地帯において単位面積あたり最大の収穫量（カロリー換算で）をもたらした稲作の移入、つまり生産力の発展に求めるという考えは、本末転倒のきらいがある。つまり、稲作採用、普及という農業革命をもたらした要因の説明にはならない。むしろ、それは革命の結果であって原因ではない。

ここに、日本列島の地政学的位置にもとづく革命のパターン――外的要因のインパクトというものが出てくる。そして、その外的要因が徐福（船団）渡来、少なくとも徐福来日伝説に投影された高度の技術集団の来日であったと考えるべきではあるまいか。

かつて中国の燕京大学の衛挺生教授が一九五〇年「神武天皇＝徐福説」を発表して一大センセーションをまき起こしたということを、私は林房雄『神武天皇実在論』で知った。

この衛教授の伝説の骨子は、始皇帝の命令を受けて徐福が東海の蓬萊国、つまり日本をめざして出帆したのが紀元前二一九年であり、日本到着後、この列島征服を決意して始皇帝に武器と軍隊の派遣を要求したのが紀元前二一〇年、そして九州の一角（基地日向？）から瀬戸内海を経由、畿内に進撃して、先住民の抵抗（つまり長髄彦の抵抗）をどうにか排除して、大和の橿原において即位したのが紀元前二〇三年であるという。

この徐福の出帆、援軍派遣要請の年代は、『史記』と符号する。とくに、徐福がいったん帰国し、始皇帝に蓬萊国には大鮫魚《おおざめ》がいて、なかなか近寄れないから、それを退治するための武器（弩《ど》）を欲しいと述べたことなど、援軍（武器、兵力）の派遣要請につながる。

一方、神武天皇軍が、大阪湾の上陸作戦に失敗し、熊野地方に上陸、吉野方面から大和をうかがったという記紀の叙述も、徐福の熊野上陸説と符号する。

さらに注目すべきは、この衛教授の仮説は戦時中からも中国（北京）の知識人たちのあいだで信奉され、林房雄自身も北京滞在中聴いたことがあったという。

また、古代日本列島について「魏志倭人伝」とならぶ重要史料である「隋書倭国伝」に、古田武彦氏のいう九州王朝と拮抗？　していた「秦王国」というのが出てくる。

「倭国伝」によると、「日出ずる処の天子、書を日没する処の天子に致す、恙無《つつがな》きや、云々」という倭国王多利思比狐《タリシヒコ》の国書に対して「蛮夷の書、無礼なる者有り……」と怒った隋帝が、裵世清《はいせいせい》を倭国に遣わした。その裵世清の倭国についての報告のなかに竹斯《ちくし》国（筑紫《つくし》国、九州か）の東に「秦王国」があり「其の人華夏《かか》（中華、つまり中国）と同じ」とあるわけだ。

この「秦王国」の位置については、古来いろいろ推定されたが定説はない。岩波文庫版の編訳者（和田清、石原道博）は「山陽道の西部にあった秦《はた》氏の居住地とも関係があるまいか」と示唆的に述べている。つまりこれらの学者は秦氏を朝鮮ではなく中国からの渡来者と見ているらしい。

それはさておき、九州王朝（倭国）と併存していた「秦王国」が、この徐福船団の乗員の後裔であったのかもしれない。

なお、神武天皇実在論は、津田史学の記紀批判以来、マトモ？　な学者からはかえりみられなかったが、最近、古田武彦氏は多元的古代の成立という観点から、神武に相当する人物はいたと述べているし、騎馬民族説の江上波夫博士も神武（に相当する人物）実在説をとっていることは注目してよいだろう。そして、その神武に相当する人物の候補者の一人として衛挺生教授のいう徐福はきわめて有力であることだけはたしかである。問題は、その仮説を具体的に裏づける記事が『史記』などに見られないことである。

徐福の子孫

徐福が来日したとき、妻子同伴だった。つまり妻の福正女と福永、福万、徐仙、福寿の四男と、天正女、寿安女、安正女の三女を連れて出帆したわけである。なお八十五隻の乗組員のなかにも妻子同伴のものが多数いたことも「徐福来記」などに記されている（それぞれの名称まで）。

このことは、徐福の航海が、大脱出であることをよく物語っている。いわゆる探検なら、妻子同伴ということはまずありえないからだ。漢の武帝の命を受け、西域に使し、往復十三年を費やした張騫《ちょうけん》が妻子同伴だったなどということは聴いたことがない。つまり、童男、童女各五百人といい、ほとんどあらゆる業種にわたる専門家の同行といい、自分はじめ部下たちの妻子同伴といい、これは秦からの脱出――移民と見てよいだろう。

それだけに、徐福ないし徐福に相当する人物の子孫は相当多数にのぼるといってよい。彼らは、それぞれ新しい「姓《せい》」を作ったという。その「姓」には「福」をつけ、長男の福永はそのまま「福永《ふくなが》」のち「福岡」に、次男の福万は「福島」、三男徐仙は「福山」、四男福寿は「福田」、それに富士高天原に移住後に生まれた三人の男子には、それぞれ「福畑」「福海」「福住」と命名した。

日本における「姓」のうち「福」がつくのは、一応、この徐福の子孫とみなしているのが宮下文書である。

また、「姓」だけでなく「福」のついた「地名」も徐福系だともいう。これまで日本の古地名は、日本語！　で説明がつかないものを、アイヌ語なり朝鮮語で解釈するのが、いわば定石だった。とくに戦後は、三十数年の朝鮮統治の反動？　からか、朝鮮語ないし朝鮮史的文脈で古代史を読み返すことが流行になった観さえある。だが、朝鮮半島よりも、その地を古代以来七世紀後半（新羅による統一）まで支配していた偉大な古代中国の影について、より真面目に考えるべきかもしれない。

さて次に「秦《はた》」姓も、この徐福とともに来日した集団の子孫の姓だと宮下文書には記されてある。

ふつう秦氏は、帰化系の代表的な姓とされ、応神天皇十四年に朝鮮半島経由渡日した弓月君《ユズキノキミ》とその一族の姓とされている。この弓月君は秦《しん》の帝室の後裔であり、一二七県の人民《たみ》を率いて帰化したとされるが、途中、新羅の妨害にあったという。

もちろん、進歩的な史家は弓月君を秦《しん》の始皇帝の三世の孫「孝武王」の子の「融通王」だなどとは信じない。ハタは新羅語で「海」を意味し、朝鮮半島からの「海」人、つまり渡来者の意味で、それがのち「姓」となったのだろうという。とすれば、その新羅系の秦氏の渡来をなぜ新羅が妨害したのか、よく分からない（いわゆる反体制分子の国外脱出に対するイヤガラセなのだろうか？）。

私は、秦氏の始祖（弓月君）はやはり中国系だと思う。秦帝国全盛時に、朝鮮半島に支配者として駐留していた秦《しん》系の有力者が秦《しん》の滅亡後、日本列島に亡命したものと考えている。

さて、この秦氏を徐福集団の後裔だとするのが宮下文書であり、その秦《はた》系の姓や地名（国内各地に非常に多いが、富士山中心に見てみると、駿河の「八田」、信濃の「波多、治田《はだ》」、相模の「秦野、幡多」、武蔵の「幡屋《はたや》」「羽田《はねだ》」など）は、ほとんどそうだという。

ちなみに、「羽田」とか「羽根田」というように「羽《はね》」のつく地名は、超古代の「空飛ぶ円盤」の発着地だったなどと述べ、竹内文書とデニケンとを同一次元でとらえている人がいるが、それは明らかな誤りである（だいたい「円盤」に羽根はないし翼などないはずだ）。おそらくは、東京の羽田空港などからの思いつきなのだろうが、羽田付近はつい最近（といっても近世だが）までは海だったという単純な事実さえ知らないのだろうか。

ともあれ、徐福一族とその子孫は、古代日本では先端技術のノウハウの所持集団として活躍、発展したことを宮下文書は伝えている。つまり、徐福が衛挺生博士のいうように、侵略者としての神武天皇であったかどうかは一応度外視しても、彼が弓月君的な文脈での「文化英雄」であったことだけはたしかである。

だが、その偉大なる徐福でさえも、富士山麓に伝えらえた神代以来の伝承に感嘆したというのが宮下文書の成立史のトップを飾っていること。これと同時に、徐福の子孫、いいかえれば、中国系の渡来民が、日本の古代文化の伝承に大きな役割を占めていたという事実をこの文書はまた認めているのだ。

この微妙な文脈のヒダを読みとることも、古史古伝を読む場合の注意事項である。

宮下文書と熊野伝承

熊野は日本列島古代～中世史のワンダーランドである。この木の国にも宮下文書が大きな影をおとしている。

すなわち、文書の「秦徐福世代記」その他徐福関係文書によると、徐福の第二子の福万（のち「福島」と改姓）は父の命令によって、この木日国（紀伊国）に五十余人の眷族《けんぞく》を引きつれて移住したという。

いうまでもなく、この地は徐福船団が蓬萊山を求めての航海で、最初に上陸した場所とされている。海上から蓬萊山らしき「大山」を発見した船団は舵を大きく切って近接した。緑の濃い原始林のあいだからキラキラと輝く一大瀑布（那智の大滝）は、彼らの蓬萊島のイメージにかなうものだったのであろう。

だが、海上遠くから蓬萊山かと見えたその「大山」は、上陸してみたらそうでないことが分かった。そこで徐福はその「大山」を中心に三年三カ月にわたって真の蓬萊山を探し求めたわけである。つまり徐福にとっては、いわば思い出の地である。それだけに徐福としても一種愛着じみたものをこの地に覚えていたであろう。また、おそらくは、この地のもつ濃い霊的なものに引かれたのかもしれない。そこでこの「大山」麓に自分の息子の一人を送って開拓を命じたのではないか。

福万は、木日（紀伊）国のその「大山」の麓に至り、その山の名を「久真野《クマノ》」と命名した。それは自分たちが蓬萊山を求めて、その地を中心に久しくさまよったという意味からの命名である。

以来、徐福一族は富士山を「本宮」、久真野《クマノ》（熊野）を「新宮」とそれぞれ称して、永く相互交流を保ったとある。

かつて私は、この熊野についていくらか述べたことがあった（『謎の九鬼文書』参照）。熊野では古来、樹霊信仰や自然石信仰、拝火教的信仰が盛んだったが、宮下文書のアメノミナカ世の十五代神皇でクニサヅチとともに日本列島に渡来した高皇産霊神《タカミムスビ》（高木神）の御神体と称される御神木が多いことも注目される。

照葉樹林信仰的な精霊信仰《アニミズム》である神木をタカミムスビに結びつけたのは、宮下文書の伝承を知った徐福の子、福万の神学であったのだろうか。

また、トヨアシハラの世七代の神后イザナミを祀った日本最古の神社「花の窟神社」（イザナミの墓ともいわれる）もこの地にあることを徐福は知っていたのかもしれない。

また、熊野は「熊野三山」といわれるが、この「三山」には、徐福の「三神山」思想が投影されているのではないか。

さらに熊野にもっとも関連の深い「九鬼文書」と「宮下文書」との関係も微妙である。とくにスサノオノミコトの取り扱いが対照的であるのは、富士と熊野、つまり「本宮」と「新宮」とのあいだにイデオロギー的あるいはそれにもとづく神学的な対立の存在を意味しているのだろうか。

というよりも、「本宮」対「新宮」という意識は、富士側のものであって、熊野自身、独自の「本宮」意識をもっていたのかもしれない。つまり、徐福集団の分裂である。福万は熊野に移住したというよりも、むしろ徐福によって追放されたという可能性も考えられるべきではあるまいか。

追放か移住か、そのいずれにせよ、つまりは富士山からの分離の意味は、あるいは、より深刻なものであったのかもしれない。つまり徐福集団内の出来事なのではなく、高千穂高天原との分離以来ある意味ではますます保守化しつつあった、しかも畿内王朝からも見離されつつあった富士側集団の焦りが反動的に畿内政権側に密着の姿勢をとらせた。それに対して反発した国津神派ともいうべきグループが飛び出したというのが真相ではなかったかと私は考えている。

基本的には反体制的な伝承であるべき古史古伝が、体制派のバイブルともいうべき古事記や日本書紀以上に体制翼賛《よくさん》的に転落するケースについて、私はかつて『謎の竹内文書』で述べたことがあった。

そのケースが竹内文書だけでなく他の古史古伝にも見受けられるのは悲しい。私は、ここではその古史古伝の病理——診断についての規準として、まずアメノミナカヌシの世のスサノオノミコトの処遇、ついでカンヤマト（神武）朝成立時におけるナガスネヒコの抵抗についての取り上げ方をあげておきたい。

徐福伝説のベールをとれば

私はこれまで、宮下文書の筆録者として、徐福の名が伝えられている旨を述べてきた。そこで、注意深い読者なら、私の意図が徐福その人というよりも、むしろ徐福に仮託《かたく》された人物にあることにお気付きかもしれない。

あるいは当初から、徐福説はあくまでも後世つくられた伝説であって、真の筆録者は徐福その人ではあり得ないとしてこられた読者も少なくないと思う。そのような読者の徐福否定説は、だいたい次のような史的状況判断にもとづくのではあるまいか。

つまり徐福という人物が前三世紀に秦《しん》にいたということや、また彼が多数の人々とともに東海に出帆したということは、『史記』や『漢書』などから見て、おそらく事実であろう。

だが、かりに彼とその船団が日本列島に到着したとしたら、時期的には縄文から弥生への移行期にあたっていることから、いわゆる弥生革命の推進者としての徐福とその一行のイメージはたしかに魅力的であろう。

だが、前三世紀の日本列島と中国（秦帝国）との文化的落差はあまりにも大きい。徐福集団の先進技術がそのまま縄文晩期の日本列島に受け入れられるはずはない。養蚕や製糸、機織《はたおり》にしても、前三世紀の日本で行なわれたという形跡はない（稲作がわずかに九州の一部で行なわれはじめた程度）。

したがって、かりに徐福とその船団が日本に渡来したとしても、それはあくまでも一時的な寄港であり、船団は新鮮な水や果実などを補給して、さらに東――アメリカ大陸に向けて出帆した……。考えられるのは、せいぜいこの程度だ、ということになろう。

事実、古史古伝の泣き所は、歴史的に実在する人物が、その伝承にまぎれこんだときに生ずる時間的矛盾にある。前三世紀の徐福が孝霊天皇の世に来日したとすれば、その時代（前三世紀）に日本列島には稲作どころか養蚕、製糸、機織が行なわれていたといわねばならない。また、徐福が宮下文書を漢字で筆録したとすれば、その用紙が問題である。中国で紙が開発されたのは徐福よりも四〇〇年以上も後の話なのだから。

紙がないなら竹や木片、つまり竹簡や木簡を利用したのでは？　ということになるが、文書には徐福がそのようなものを使用したとは記していない。はるかな神代に、木、竹、石の面などに書き記してあったのを徐福が湮滅をおそれて筆録したという文脈からみればやはり紙に記録したものと解すべきだろう。

となれば、やはり筆録した人物は徐福本人ではなくて、他の人物ということになる。つまり徐福説はあくまでも伝説ということになる。

では、実際に筆録したのはだれか、ということになる。

まず、漢字を知り、かつ書ける人物であると同時に、古代中国や古代インドの事情についても相当程度の知識をもっている人物、となると、やはり中国系帰化人ということになる。また、彼は養蚕、製糸、機織、製紙の技芸集団を配下にもっていた人物でもある。さらに秦《しん》と関連がある人物、ということになれば、だいたいそのイメージが浮かんでくるはずだ。すなわち、応神天皇の朝に百済《くだら》から百数十県の民を率いて集団帰化したという秦の始皇帝十五世の孫と称される「弓月君《ユズキノキミ》」(融通王)である。

ちなみに、この秦《はた》氏の祖とされる人物(弓月君)は、日本列島に養蚕、製糸、機織などの技術をもたらした人物ともされている。事実、古代(歴史的古代)を通して、日本の生糸、絹織物関係の産業を支配していたのは、この弓月君の後裔とされる秦氏であった。

もちろん、弓月君自身が富士山麓に乗り込んで、富士高天原王朝の伝承を筆録したわけではあるまい。ただ、その集団が各地に分散させられたとき、東海地方に落ち着いた集団のなかで歴史と漢字に強いだれかが筆録作業に従ったものと考えるべきだろう。

また、この弓月君の帰化説にしたところで、どこまで具体性があるか、ということになると徐福の場合とどっこいどっこいということになるかもしれない。だが、三世紀——倭の五王の一人に比定される、応神天皇の世に、政治的に混乱していた朝鮮半島にあった中国系の部族、とくに秦《しん》系の中国語を話す集団、つまり楽浪、帯方郡の遺民が日本に渡来した（そしてその長が弓月君と名乗ったかどうかは別にして）と見ることは、徐福の場合とはちがって、より確度が高い。少なくとも、この時代の朝鮮半島の秦系中国人集団渡来の事実が、弓月君帰化説話に投影されたものと私は見たい。

熊野・富士伝承成立のかげに

もしそうなら（前節で述べたようなら）、紀州熊野の徐福伝説はいったいどうなのか？　伝説とは過去に起こった何らかの事態の投影であるのではないのか？　それに対して、弓月君伝説に、熊野のクの字も出てこないのはどういうわけか？　という疑問をもつ人も多いだろう。

それらの疑問は、つまるところ、徐福と弓月君と熊野との関係について、納得のゆく説明がほしいという、きわめてもっともな立場からの疑問といってよい。

その疑問について、私はまずこの二人がそれぞれ異なった時代に生きた人物であるという前提に立って、いろいろ考えてみた。

まず、徐福は秦《しん》の始皇帝（前二五九〜前二一〇）に仕え、その専制下から脱出した集団の指導者であり、弓月君はその始皇帝の十五世の孫と称し、動乱の朝鮮半島から脱出した秦系中国人集団の指導者であった（だいたい五世紀ごろ）。したがって、この二人の共通項はまず「秦《しん》系中国人の脱出者集団」ということになる。

次に、二人とも日本列島に「養蚕、製糸、機織などの技芸をもたらした」という伝承で共通項としてあげられる。

第三は、二人とも、ともに古代の帰化人集団である「秦氏《はた》の始祖」とされていることだろう。つまり第三の共通項は、この「秦氏」である。

第四の共通項は、ちょっと意外かもしれないが「音楽」である。『義楚六帖』によると徐福は富士山麓で「常に音楽を聴く」生活だったというが、弓月君の後裔である秦氏も、この「音楽」に特異な才能があった。つまり聖徳太子のスポンサーでもあった秦河勝《かわかつ》（推古朝から大化ころの人）は、日本にもないある種の楽器（弾琴）を作製したこと、さらにその子弟が四天王寺の楽人となったことなどからして、その一族には「音楽」について特別な才能が流れていたらしい。

第五の共通項は、弓月君集団と徐福集団とを渡海させたのが、ともに「呉《ご》」系の海人であったと思われる点である。

だが、以上の共通項からだけでは「熊野」とのつながりは出てこない。そこで、「熊野」のイメージを浮び出すために、私は補助線として「熊野三山」を導入してみた。

まず熊野三山信仰が、徐福時代の中国で流行した「三霊山信仰」の日本版であることは、ほぼまちがいないだろう。

となれば、この「三霊山信仰」を熊野にもたらしたのはだれか？　ということになる。そこで私は『謎の九鬼文書』で引用した「呉王遺民熊野亡命説」をふたたび引用したい。

その説の骨子は、熊野本宮の祭神ケツミコノカミはふつうスサノオノミコトとされているが、それは中国の最古王朝の「夏《か》」の最後の王である「桀《ケツ》」だというものだ。その桀が殷《いん》によって滅ぼされたのち、夏《か》の遺民たちは四方に逃れたが、そのなかに、のち中国東南部（東シナ海沿岸）に「呉《ご》」を建国した人々もいた。

彼らは桀王の血を引いているという周《しゅう》の王族太伯《たいはく》を国王としたが、春秋戦国の過程でライバルの「越《えつ》」によって滅ぼされた。越王は「臥薪嘗胆《がしんしょうたん》」して呉を滅ぼした人物だっただけに、呉の遺民に対する圧制はきびしいものがあった。そのため、もともと卓れた航海民だった呉の遺民は東、南シナ海沿岸に散ったが、なかには船団を組んで東方海上に逃れ、黒潮に乗り、紀州熊野に渡来した集団もいたと考えられる。

彼らは、この地（熊野）で、まず遠祖の桀王を祀ったわけである。また、熊野社を一名「ゴオウ」というが、これはいうまでもなく「呉王」のことで、それを日本の朝廷に遠慮して「午《ご》

富士山麓の徐福の墓

王《おう》」と記すようになったという。

一方、山東地方に逃れていた呉の遺民たちは、徐福船団の遠征に徴用されたのであろう。そして、船団が行方不明になってからも、残された呉系集団には、徐福大航海に参加したかつての仲間たちの思い出が、ながく語りつがれたにちがいない。また、そのニュース（徐福船団の遠征）は、熊野にいった仲間たちにもいつしか知られたはずである。熊野ではその船団に参加した海人たちと身よりのものも少なからずいたにちがいない。それらの人々が築いたささやかな追悼の祠《ほこら》が、現在、新宮市近くにある「徐福の墓」と称される祠ではなかったか。

なお、この呉《ご》であるが、後漢末期に英雄孫権《そんけん》（一八二～二五二）によって再建され、魏《ぎ》、蜀《しょく》とならんで三国時代の一中心となったものの、内紛によって滅びた（二八〇）。その呉は孫権の全盛期には、数万の兵をはるか遼東半島に派遣し、地元の公孫氏と同盟して、魏を背後からつこうとしたことがあった。その遠大な計略も公孫氏の背信によって失敗した。

だが、そのさい遼東の地に展開された強力な呉の海兵は、呉の滅亡後もその地にとどまって、その専門技術（航海）でもって生き続けた。弓月君集団を日本列島に運んだのは、この呉系海人であったというのが私の推定である。なぜなら新羅《しらぎ》海軍の妨害を排除して、百数十県の民を海路運べるのは、彼らをおいてほかに存在しなかったはずだから。

弓月君集団渡来後、応神天皇は絹織物の専門工女を呉《ご》の地から招いたと日本書紀にある。つまり「呉織《クレハトリ》」だ。この技術導入計画も、おそらく弓月君と呉系海人との関係が大きくモノをいったはずである。

以来、呉系海人と日本列島との交渉は、しばらく続いたであろう。そして、彼らは熊野の海人とも交渉をもち、かつて徐福船団の大遠征を行なわせた祖先たちの話をきき、大いに感銘することがあったであろう。そして、新宮の徐福の「祠」は、いつしか徐福の「墓」となり、徐福来日説となったものと私は考えている。

なお、徐福と富士山とを結びつけたのは、道教系の蓬萊山伝説と、富士山信仰との習合であったと思われる。富士山は神仙譚《たん》の舞台として『竹取物語』にも出てくるくらい古くから、ある種のパラダイス観と結びつけられていたのである。

終章に代えて

昭和五十九年六月十五日、私は午前十時ジャストに車を富士急行の富士吉田駅前のパーキングエリアにとめた。そこには、今日の宮下家訪問を設定して下さった富士地方史料調査会の主宰者であり、宮下文書研究家である加茂喜三氏夫妻がすでに私を待っていて下さった。

加茂氏と同行の夫人に遅れをわび、とりあえず駅前の喫茶店で、宮下家とねんごろにしておられる山梨県文化財保護委員の渡辺長義氏を待った。渡辺氏の名は、林房雄の『神武天皇実在論』(光文社)に出てくるから、あるいはご存知かもしれない。氏こそ、この宮下家の門外不出の古文書(宮下文書)の写しを所持されている唯一人の研究者である。

さて、四人そろって私の運転する車で約十分、大明見の宮下家の門をくぐった。当主の宮下義孝氏は現在サラリーマンで、その日はとくに休暇をとって私たちを待っていて下さったわけである。

美しい花が乱れ咲く庭を通って、いかにも旧家らしいがっしりした玄関に立ち、ベルを押したときは、さすがに私の胸は震えた。私は宮下夫人が出てこられるまでのちょっとした間、目を庭と奥の竹やぶに集中した。そこには林房雄が記したとおり、むかしの小学校にあった御真影（天皇の写真）を収めておく「奉安殿」ふうの小さいが、がっしりした造りの土蔵が見えた。私は、その土蔵造りの神庫を見ただけでも、宮下家を訪ねた意味があったと思った。

応接間ではなく、茶の間に通され、くつろいだ気持で私と加茂氏夫妻は宮下氏夫妻と初対面の挨拶を交した。

おそらくは自家製と思われるおいしいお茶をいただきながら、宮下氏と渡辺氏から、宮下文書をめぐる、これまでどの本にも書かれていない興味深いお話をうかがい、私は夢中になってノートをとった。そして、いつのまにか宮下夫人の手で心のこもった中食が準備され、すっかり恐縮しながら小休止となった。

私は食後、さきほど見かけた庭の奥の竹やぶに囲まれた小さな土蔵に足を運んだ。そして、二、三枚写真をとっていたら、夫人がキッチンから出てこられ、「いま、その扉を開けて文書をお見せすると主人が申してましたから、お写真はそのときになさったら……竹やぶは足もとも悪いですから」と微笑みながら私にいわれた。

私は、夫人のそのことばをきいたとき、本当に古史古伝の研究を続けてきてよかった、今日、この一瞬のために自分が生きてきたかと、神に感謝したい心境になったのである。

というのも、ご承知のように私にはこれまで古史古伝について幾冊かの著書がある。だが、その採りあげた古文書の「実物」（写真や活字化されたものでなく）に接する機会がまだなかったのである。
裁判の証拠品として押収されたまま裁判所の倉庫のなかでアメリカ軍の爆撃に焼かれたT文書、原所有者の手を離れ、新たな所有者によって直接「実物」に接することが不可能とされているTS文書、あるいは「実物」の書写を依頼された人物によって、その「実物」を持ち逃げ？　されたK文書、あるいは父子相伝で一生に二度しかその表紙しか見ることのできないM文書等々。古史古伝の「実物」を見る機会というものは、専門研究者にもなかなかないのが現実なのである。

それだけに、私は夫人のそのことばをきいたとき、神さまにお礼をいいたいほど感激したわけだ。

さて、午後一服したあと、お茶の間のとなりのサンルームに宮下夫人が毛せんをしかれた。宮下氏は奥の部屋から、古色蒼然とした鉄のカギ束をもって神庫に行かれた。

私と加茂氏とは、かたずをのんで宮下氏が持参された十数巻の文書を毛せんにていねいに並べられるのを見守った。

宮下氏は、三巻ずつ毛せんにくり拡げられた。私は、おそるおそるカメラ撮影の許可を乞うた。氏は、こころよく「どうぞ」といわれた。

文書を奥の座敷でなく、光線量の豊富なサンルームで拡げて下さったのは、プロ・カメラマンのように照明や接写機材などをもっていない私と加茂氏に対する宮下氏の配慮であったらしい。

私と加茂氏は、夢中になってシャッターを切った。おそらく、この文書を最初に撮影するという興奮に包まれた。その結果が、本書を飾っているいく枚かの文書の写真である。

私は大学で日本史を専攻したものである。極めて不勉強な学生だったが、古文書学演習は必須単位だったため、毎回参加した。指導教官は中世史の権威であり古文書に明るいT教授であった。それだけに室町時代前後の文書（といっても断簡的なものが多かったが）は、よく見たわけである。

乏しい古文書学的知見からではあるが、私には、その日、見た宮下文書が鎌倉期の写本であるということはまず間違いないと思われた。もちろん、将来、紫外線照射その他科学的な紙質調査、筆墨鑑定、それに厳密な内容批判が必要であろう。

なぜなら、この種の文書の場合、紙が昔のものであっても、その記述（筆写）内容に後世の加筆があるケースが少なくないからである。偽書、偽作の専門家は、まず室町なら室町、鎌倉なら鎌倉時代の古紙を入手することから、その仕事をはじめるのが常道である。

また、その時代の写本であっても、中世のことが記されているはずのものに、近世の地名が出てきたりする場合がある。つまり加筆が足を出したわけである。それだけに、全巻を通してのテキスト批判《クリティック》が必要とされるゆえんだ。

私が見た巻は宮下文書の一〇%にも満たなかったし、また光線量の関係（写真をとるため）から、それらにしても全体を熟読する時間的余裕はなかった。だが、私が見た、読んだかぎりでは、いわゆる不自然さが見られなかったことだけはたしかである。

それだけにまた、この文書が権威ある学術機関なり研究者の手で、厳密なチェックを受ける機会が近い将来に訪れることを期待するわけであるが、そのさい注意すべきは次の点であろう。

まず、検査なり調査する人が、この文書の鑑定結果によって利益なり不利益を受けない立場であること。つまり、当初からある種の価値判断をもって鑑定されては、第二の富士文庫事件を招くだけの話である。

次に、鑑定の結果、部分的な加筆訂正のあとがあった場合、それをもって文書全体を偽書呼ばわりするようなことがあってはならない。そのようなことをいったら古事記も日本書紀も、みな偽書になってしまう。ところが、一般にはこの二書には甘く、他の史料、とくに古史古伝には、辛い態度をとる人があまりにも多いのだ。おそらく、古史古伝の所有者がともすれば、いわゆる公開に消極的なのも、日本史学界のこのような風潮を永年の体験で知りすぎるほど知っているからかもしれない。

私個人としては、宮下・渡辺両氏に、内容を一字一句訂正せず、そのまま写真版なり、活字化されることをお願いしてきたものの、帰りの車中で、すでに東日流外三郡誌が、その試練？に会いつつある現状を想い、はたして、現在の日本史学界のムードからみて、両氏に公開をおすすめしたことが良かったかどうか、その是非について、結局、結論が出せなかったのである。

このジレンマこそ、古史古伝研究者の宿命かと思うと、このペンをとっているいまも、やはり暗然たる思いを禁じえない。宮下氏夫妻が、私の知っている他の古史古伝の所有者とは、一味ちがったパーソナリティの持ち主であることを知っただけに、私は迷うのである。

だが、宮下文書のもつ近未来の運命がどうあろうとも、富士山麓のこの古伝承は、永く日本人の普遍的無意識の世界に生き続けることだけは確かである。

参考文献

本書執筆にあたり筆者が参考にさせていただいた文献は多数にのぼるが、古史古伝関係のもののうち、その主要なものを選んで次にかかげておく。

三輪義凞『神皇紀』隆文館大正十年（絶版）

〃　復刻版　新国民社昭和五十六年

岩間　尹『開闢神代暦代記』三浦一族会昭和四十三年

三輪義凞他『富士文庫』第一巻　財団法人富士文庫大正十一年（絶版）

吾郷・渡辺・鹿島他『古史古伝大系』新国民社昭和五十八年

吾郷清彦『古事記以前の書』大陸書房昭和四十七年

〃『日本超古代秘史資料』新人物往来社昭和五十一年

鈴木貞一『先古代日本の謎』大陸書房昭和四十八年

〃『超古代王朝の発見』秋田書店昭和四十八年

如茂喜三『愛鷹山の巨石文化』富士地方史料調査会昭和五十七年

加茂喜三『木花咲耶媛の復活』富士地方史料調査会昭和五十七年
佐治芳彦『謎の竹内文書』徳間書店　昭和五十四年
〃『謎の神代文学』〃　〃
〃『謎の東日流外三郡誌』〃　昭和五十五年
〃『謎のシルクロード』〃　〃
〃『謎の九鬼文書』〃　昭和五十九年
〃『王仁三郎の巨大予言』〃　〃
〃『邪馬臺国抹殺の謎』新国民社昭和五十六年
〃『漂泊の民山窩の謎』〃　昭和五十七年
〃『こけし作り木地師の謎』〃　昭和五十八年
佐治・吾郷・鹿島『日本列島史抹殺の謎』〃昭和五十七年
〃『倭人大航海抹殺の謎』〃　昭和五十八年
「歴史と現代」新国民社　Vol. 1-1, 2, Vol. 2-1, 2, Vol. 3-1, 2

なお、本書に貴重な図版類の掲載を許された各位に対して、深甚な感謝を捧げたい。

佐治芳彦　さじ よしひこ
福島県会津若松市に生まれる。
1951年 東北学院大学英文学科卒業。
1954年 東北大学文学部史学科卒業。
編集者を経て，小学館。講談社の百科事典ロジェクトチームに参加。現在，古代史評計家として活躍中
著書『アスアサ四ジジシンアル』（みんと）『謎の竹内文書』『謎の神代文字』『謎の東日流外三郡誌』『謎のシルクロード』（いずれも徳間書店刊）
訳書『人工人間』（プレジデント社）

本作品は、1984年11月に刊行された『謎の宮下文書：日本人のルーツを明かす　富士高天原王朝の栄光と悲惨』（徳間書店）の新装復刻版です。

［復刻版］謎の宮下文書
富士高天原王朝の栄光と悲惨

第一刷　2025年4月30日

著者　佐治芳彦

発行人　石井健資
発行所　株式会社ヒカルランド
〒162-0821 東京都新宿区津久戸町3-11 TH1ビル6F
電話 03-6265-0852　ファックス 03-6265-0853
http://www.hikaruland.co.jp　info@hikaruland.co.jp
振替　00180-8-496587

本文・カバー・製本　中央精版印刷株式会社
DTP　株式会社キャップス
編集担当　TakeCO

ISBN978-4-86742-487-2

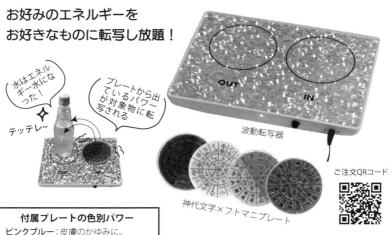

ヒカルランド　好評既刊！

地上の星☆ヒカルランド　銀河より届く愛と叡智の宅配便

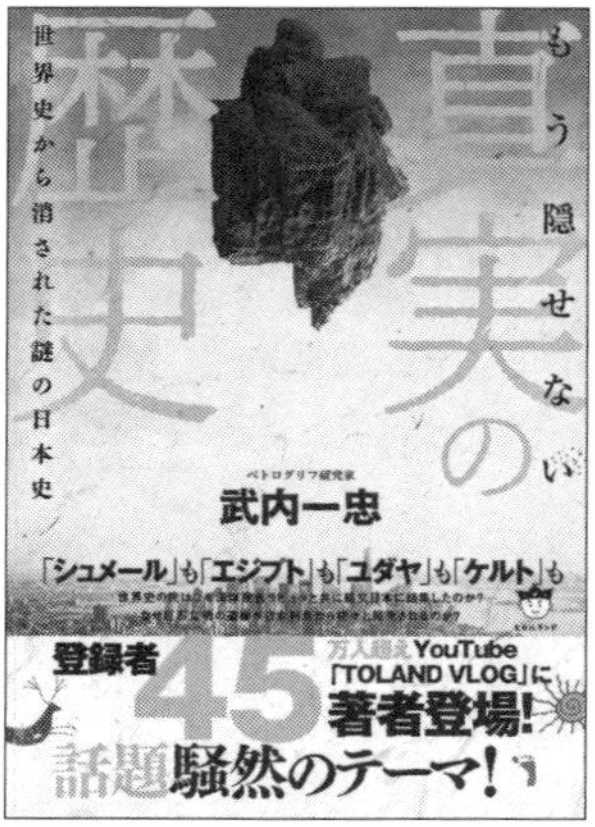

真実の歴史
著者：武内一忠
四六ソフト　本体2,500円+税

盃状穴 探索ガイドブック
著者：武内一忠
新書サイズ　本体1,300円+税

真実の歴史 エピソード0 ラピュタ編
著者：武内一忠
四六ソフト　本体2,500円+税

聖徳太子コード 地球未然紀［上巻］
著者：中山康直
A5ソフト　本体2,500円+税

ヒカルランド　好評既刊！

地上の星☆ヒカルランド　銀河より届く愛と叡智の宅配便

山窩（サンカ）直系子孫が明かす
【超裏歴史】
著者：宗 源
四六ソフト　本体2,200円+税

縄文の世界を旅した
初代スサノオ
著者：表 博耀
四六ソフト　本体2,200円+税

古典神道と山蔭神道
日本超古層【裏】の仕組み
著者：表 博耀
四六ソフト　本体2,000円+税

いざ、岩戸開きの旅へ！
古代出雲王国 謎解きトラベル
著者：坂井洋一／石井数俊
四六ソフト　本体2,000円+税

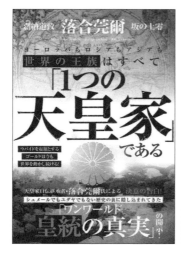

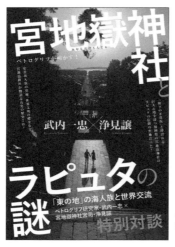